eBook infalible

VLADIMIR VILLARREAL

eBook infalible

La guía más completa para maquetar un ebook profesional en Word y Sigil, y colocarlo a la venta en las tiendas más importantes del mundo:

Amazon Kindle • Apple Books
Google Play Libros • Kobo
Smashwords • Barnes & Noble

38 Minutos

EBOOK INFALIBLE
Título original: eBook Infalible
© Autor: Vladimir Villarreal
® 2021 Registro Propiedad Intelectual

Primera edición: Abril de 2022

ISBN: 9798445902553
Sello: Independently published
© 2021 38 Minutos Ediciones

38 Minutos

PORTADA
© V. V. Barbarín

Todos los derechos reservados. Queda prohibida la reproducción, el almacenamiento en memoria electrónica o la transmisión por cualquier medio electrónico, mecánico, de fotocopiado, grabación, etc., de la totalidad o parte de este libro, por cualquier medio o procedimiento, sin contar con la autorización previa, expresa y por escrito del editor. Toda forma de utilización no autorizada será perseguida con lo establecido en la ley federal de derechos de autor

www.vladimirvillarreal.com

*Dedicado a todos los escritores
y soñadores que están listos
para emprender el vuelo de
autopublicar su primer ebook.*

Índice

1. Introducción 13
2. ¿Qué es un ebook? 17

Primera Parte: Maquetando un ebook en Microsoft Word 25

3. Respaldo y depurado del archivo 26
   3.1. Respaldo 26
   3.2. Depurado 26
4. Marcas y estilos 31
   4.1. Mostrar y ocultar marcas y símbolos de formato 33
   4.2. Estilos de formato 34
5. Estilo Normal 36
   5.1. Tipografía 37
   5.2. Color de la fuente 39
   5.3. Sangría 39
   5.4. Párrafos sin espaciado. 43
   5.5. Espaciado en bloque 43
   5.6. Espaciado en Poesía 44
   5.7. Interlineado 45
   5.8. Alineado, centrado y justificado 46
6. Letra Capital 49
7. Títulos de secciones 51
   7.1. Título 1: Encabezado de capítulo 51
   7.2. Título 2 y Título 3: Subtemas de sección 54
   7.3. Índice Automático 55
8. Elementos de un libro 57
   8.1. Partes internas y externas de un libro 57

- 8.2. Portada 59
- 8.3. Página legal del ebook 61
- 8.4. Dedicatoria o agradecimientos 63
- 8.5. Cuerpo del libro 64
- 8.6. Biografía o Acerca del autor 64
- 8.7. Índice 65
9. Hipervínculos 69
    - 9.1. Hipervínculos a sitios externos 69
    - 9.2. Hipervínculos a partes del libro 69
    - 9.3. Notas de pie de página 70
    - 9.4. Notas al final del libro 71
10. Imágenes 72
    - 10.1. Imágenes dentro del libro 72
    - 10.2. Insertar tablas 73
    - 10.3. Imagen de Portada 74
11. Tabla de Contenido (TOC) 76
    - 11.1. Tabla de contenido en Amazon Kindle 76
    - 11.2. Tabla de contenido en Smashwords 76
12. Subiendo un ebook a Amazon Kindle 79
    - 12.1. Abrir cuenta KDP 79
    - 12.2. Página principal KDP 80
    - 12.3. Biblioteca KDP 81
    - 12.4. Kindle Previewer 3 86
    - 12.5. Kindle Create 86
13. Subiendo un ebook a Smashwords 88

Segunda Parte: Maquetando un ebook de formato ePub con Sigil 93

14. ¿Qué es Sigil? 94

15. Descarga e instalación 97
    15.1. Descarga 97
    15.2. Instalación de Sigil 98
    15.3. Instalación de PageEdit 103
    15.4. Interfaz y editor externo 108
16. Guardar como y Metadatos 113
17. Hoja de estilos 115
    17.1. Estilo del cuerpo de texto, etiqueta <body> 116
    17.2. Estilo de párrafo normal, etiqueta <p> 117
    17.3. Encabezados, etiquetas <h1>, <h2>, <h3>, <h4>, <h5> y <h6> 118
    17.4. Clases y Span 119
18. Secciones y archivos 122
    18.1. Archivos «.xhtml» 122
    18.2. Renombrar archivos 122
    18.3. Añadir Archivos 123
19. Depurado de estilos 126
    19.1. Sección de Título 126
20. Sección de Página Legal 131
21. Dedicatoria 133
22. Imágenes en Sigil 135
    22.1. Insertar imágenes en Sigil 135
    22.2. Cubierta (Cover) 139
23. Índice de Contenido en Sigil 142
24. Hipervínculos 144
    24.1. Hipervínculos a sitios externos 144
    24.2. Notas de pie de página 145

25. Comprobación de errores 150

26. Todo un editor de ebooks 152

Tercera Parte: Maquetando un libro para formato impreso de Amazon 153

27. Libro impreso con tapa blanda 154

    27.1. Formatos estándar de Amazon 155

28. Diseño de página 157

    28.1. Márgenes y encuadernación 158

29. Elementos de un libro de tapa blanda de Amazon 161

    29.1. Página de cortesía 161

    29.2. Anteportada y portada 162

    29.3. Portada de libro impreso 163

    29.4. Página legal de libro impreso 165

    29.5. Dedicatoria de libro impreso 166

    29.6. Capítulos 167

30. Número de página y Secciones 172

Cuarta Parte (Bonus) Corrección ortográfica y gramatical 177

31. Puliendo el manuscrito 178

    31.1. Paso 1: Revisión de Microsoft Word 178

    31.2. Paso 2: Revisión Manual de Muletillas 179

    31.3. Paso 3: revisión con SpellBoy 183

Acerca del Autor 187

1. Introducción

Estamos viviendo en una era digital, en la que los dispositivos electrónicos forman parte de nuestra vida cotidiana. Las nuevas generaciones están muy acostumbradas a comprar cualquier cosa con un solo «clic». Las ventas de muchos productos de acervo cultural en formato físico han sido reemplazadas por la venta de esos mismos productos en su versión de archivo descargable. Un ejemplo es la música, las tiendas de discos en acetato tienden a desaparecer y en su lugar ceden el paso al surgimiento de plataformas de streaming que compiten entre ellas por ofrecer contratos mensuales al mejor precio para escuchar música en línea, gracias a estas plataformas ya no tienes que trasladarte hasta un centro comercial para comprar el álbum más nuevo de tu banda de rock favorita, basta con teclear el nombre de la canción o del artista en una casilla con una lupa dibujada para tener a la mano la canción en la que estás pensando. Lo mismo pasa con las películas, estamos tan acostumbrados a plataformas de streaming de video, que solo pocos recordamos el romanticismo del proceso que conllevaba ir a un club de video a rentar una película en formato Beta, VHS, DVD, incluso en el moderno Blu-ray y ganarte un paquete de palomitas de maíz al acumular varias rentas.

La tecnología nos ha enseñado a no ser tan aprehensivos con las cosas, a no acumular discos, películas, revistas y libros, para estos últimos el tiempo nos ha demostrado que no solo las bibliotecas o las librerías son un lugar en donde buscarlos, los libros también han encontrado en los formatos digitales una forma de expresión y una ventaja comprobada para llegar fácilmente a los lectores, y su mercado principal se encuentra entre el público menos purista, aquellos que están abiertos a tomar el contenido de su texto como lo más valioso que ofrece un libro, sin importar la superficie en la que esté plasmado. Recordemos que la mayoría de la gente jamás conoció los códices mayas o los pergaminos hebreos y actualmente podemos leer los «diez mandamientos de

Moisés» sobre un papel o en una pantalla de computadora a pesar de haber sido escritos originalmente en piedra.

El libro impreso en papel forma parte de una evolución en la escritura y de esa misma manera se integra desde hace algunos años el «ebook» (término con que se le conoce a los libros electrónicos por su traducción al inglés: Electronic book. También escrito en ocasiones como e-book o ebook), que, debido a su aceptación, que va en crecimiento, con él surgen las plataformas o tiendas de libros electrónicos, que al igual que las de streaming de música o de video, compiten por ser ellas las que te acerquen a tu autor favorito. Pero más que ser solamente una tienda de libros de autores famosos y consagrados, es la oportunidad para que uno mismo pueda hacer llegar una creación literaria a un vasto público inimaginable, convirtiendo a cualquier autor en un potencial editor y dueño total de sus productos.

Hoy en día, los escritores o quienes buscamos difundir algún texto de cualquier género, podemos encontrar a nuestro alcance una infinidad de plataformas digitales que nos brindan la oportunidad de poder llegar a más público, incluso de poder hacer negocio rentable con nuestros proyectos literarios sin la necesidad de invertir dinero, por lo que la autopublicación, al menos en formatos electrónicos o digitales, se ha convertido en una práctica común entre aquellos escritores que aún no ven llegar su oportunidad de publicar bajo el sello de una casa editorial, de aquellos escritores que ya se han cansado de invertir en impresiones y en envíos de mensajería aérea para mandar sus manuscritos a dictámenes de algunos editores o a concursos literarios, o simplemente entre aquellos escritores que optan por controlar todos los aspectos de sus libros bajo las libertades que te ofrece ser un autor independiente. De igual manera, estas plataformas o tiendas de libros digitales son en la actualidad el escaparate idóneo para darnos a conocer como autores de libros y una posible catapulta al éxito y mientras, en lo que seguimos creciendo en cuanto a la escritura, poder recibir una ganancia económica en regalías.

Sea cual sea la razón por la que nos hayamos decidido a autopublicar nuestros proyectos en formato digital, tenemos que estar plenamente conscientes de que no podemos demeritar la calidad del contenido a mostrar, más aún si estamos pretendiendo sacar alguna ganancia por las ventas de nuestro producto, incluso si pensamos ofrecer nuestro libro electrónico para descarga gratuita debemos de pensar en ese archivo como nuestra carta de presentación o una probadita de lo que esperamos vender en un futuro no muy lejano a esos mismos lectores, nuestra prevalencia en el gremio está supeditada a la buena presentación de nuestro ebook, a la calidad estética y el buen funcionamiento del archivo de nuestro libro que subamos al internet y pongamos a disposición del público general, para que este archivo pueda ser ejecutado sin problema en todos los dispositivos compatibles y esto será determinante para alcanzar el éxito de nuestra publicación. Este éxito lo pudiéramos medir de varias maneras, desde la parte monetaria, con las regalías recibidas mes tras mes por la venta de nuestro libro o con las críticas positivas de los lectores, lo cual también es muy importante porque nos va dotando de cierta reputación como escritores y tarde o temprano nos puede representar más ventas y por ende más ganancias.

Cada día son más los autores cuyos manuscritos encuentran la salida de la oscuridad de una gaveta, del sombrío destino de permanecer inerte hasta el fin de los tiempos dentro de un sobre amarillo en un archivero, en la repisa más recóndita del armario o debajo del colchón. Ahora es más sencillo publicar géneros que las casas editoriales no consideran de su interés para llenar sus catálogos, o que no ven en ellos una unidad de negocio potencial, hablando en términos de rentabilidad para un formato de edición impresa, como es el caso de los ensayos o los poemarios.

El propósito de este libro es proporcionar una guía eficaz e infalible de edición de libros electrónicos para aquellos autores que ya se han decidido por la autopublicación, pero que aún carecen de los conocimientos técnicos subir sus proyectos a una plataforma de venta de libros digitales y concretar su deseo de ver sus manuscritos convertidos en una obra publicada.

Aprenderemos a maquetar ebooks de tres diferentes maneras: con Microsoft Word (en formato .docx y .doc), con Kindle Create (en formatos .kcb y .kfp) y con Sigil (en formato .epub), para lograr el libro deseado a la medida de la plataforma en donde se subirá.

La propia publicación de este libro es la prueba fehaciente de que los métodos que se describen a lo largo de los siguientes capítulos tienen como resultado final el posicionamiento de un archivo en una tienda de libros. Es un tutorial cuya finalidad principal es la de ayudar a que los autores que lo pongan en práctica puedan crear en muy poco tiempo, por sí mismos, sus propios ebooks y que además los puedan subir a la venta.

2. ¿Qué es un ebook?

Conocemos como «ebook» al libro en su formato electrónico o digital, también lo podemos encontrar citado en textos como e-book o eBook. Todos estos hacen referencia al término en inglés de «Electronic book» (libro electrónico), que también se conoce como libro digital o ciberlibro.

Como su nombre lo indica, un ebook es un libro que podemos visualizar en un dispositivo electrónico. Una característica especial que diferencia al ebook del libro de la edición impresa es la libertad de poder cambiar la maquetación del libro, es decir, que mediante herramientas de visualización de la aplicación con que se gestiona el archivo el lector puede modificar el estilo y el tamaño de la tipografía, el ancho de los márgenes, el espaciamiento entre líneas, cambiar el color del fondo o subir y bajar la iluminación, el brillo y contraste de la pantalla, entre otras opciones que ofrece, por lo que la edición del libro electrónico puede ser tan dinámica como el mismo lector lo desee. Otro punto importante es que el archivo cuenta con hipervínculos e índices interactivos con los que te puedes dirigir de un capítulo a otro a través de una tabla de contenido inteligente (TOC).

En la actualidad hay muchos dispositivos electrónicos capaces de reproducir un ebook, como lo son las computadoras, los teléfonos celulares inteligentes, las agendas electrónicas, las tabletas, pero existen unos dispositivos ideales cuyo propósito principal es el de leer ebooks en ellos, estos son los «e-readers» o lectores electrónicos, los cuales pueden reproducir diversos formatos de ebook y por sus características de diseño son los dispositivos en los que se brinda la experiencia de lectura más parecida a la de estar leyendo en un libro impreso, además de ofrecer comodidad para quien lo usa, esto se debe al peso y tamaño de los aparatos, pero sobre todo a la tecnología de su pantalla, la cual al tener una cubierta de cristal mate y una tecnología llamada tinta electrónica, representa una gran ventaja de visualización al reducir o eliminar por completo los reflejos, además que se puede seguir viendo la pantalla a pesar de estar en sitios exteriores con los rayos del sol de frente a la pantalla. En la memoria interna de estos dispositivos puedes llevar muchos libros, y regularmente tienen integrada en su sistema operativo una aplicación que te dirige a una tienda de libros, para poder descargar desde ahí el libro de tu interés.

Hay muchas compañías que fabrican los lectores de libros electrónicos y que continuamente desarrollan mejoras tecnológicas en ellos, pero los más populares en la actualidad son los e-readers Amazon Kindle, los dispositivos Kobo de la compañía Kobo Inc. Y los Nook, de la empresa Barnes & Noble. Los tres lectores electrónicos manejan una tienda de libros propia en sus dispositivos.

Hay diversos formatos de ebook, y la creación de estos difiere conforme al programa computacional con el que estén hechos, aun así, la esencia central en los distintos formatos es la misma. Los formatos más comunes son el «.epub» y el «.mobi», el primero cuyo nombre hace relación al término en inglés de «Electronic puplication».

El «.epub» es el formato más común entre los ebooks que puedes encontrar en el internet o quizás es el formato estándar que reproduce la mayor parte de los dispositivos electrónicos y lo que lo hace ser el más popular es que por su naturaleza de ser un archivo de programación de código abierto, cualquier desarrollador puede modificarlo. Y el formato «.mobi» que deriva del término «mobipocket», ya que es un formato creado por la empresa Mobipocket S.A. y pudiera ser prácticamente exclusivo para reproducción en los dispositivos Kindle de la empresa Amazon.

En pocas palabras, el ebook, independientemente de su extensión «.epub» o «.mobi», entre otras, es un archivo comprimido que contiene dentro de sí un conjunto de otros archivos. Para constatar lo dicho anteriormente los invito a realizar una prueba de descompresión de un archivo de libro electrónico con formato de extensión «.epub».

Para lo siguiente ejecutaremos con nuestra PC un explorador de archivos, en este caso yo utilizaré el explorador de archivos de

Windows y me dirigiré a una carpeta donde previamente haya guardado una copia de un libro electrónico con formato «.epub», tal como lo muestra la Figura 1.

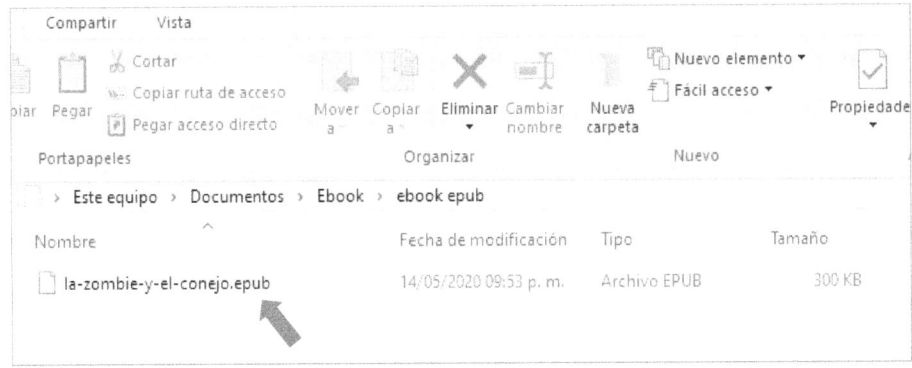

Figura 1.

Lo siguiente que haremos es renombrar el archivo, pero en lugar de cambiar de nombre al libro le cambiaremos de nombre a la extensión que ya no dirá «.epub», ya que ahora le llamaremos «.zip», tal como se muestra en la Figura 2:

Figura 2.

Ahora descomprimiremos el archivo con cualquier software descompresor de archivos «.zip», y nos daremos cuenta de que dentro del archivo que teníamos como libro electrónico con formato «.epub» se encuentran más archivos, en los cuales se alcanza a distinguir la imagen que corresponde a la portada del libro, una carpeta con información o metadatos del archivo y un conjunto de archivos cuyo nombre comienza con las letras «.tmp». Echemos un vistazo a las figuras 3, donde se muestran los archivos interiores de nuestro ebook.

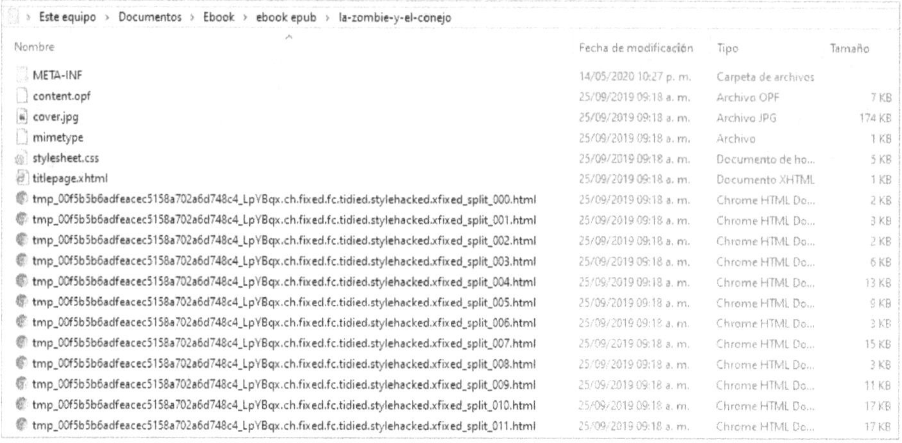

› Este equipo › Documentos › Ebook › ebook epub › la-zombie-y-el-conejo

Nombre	Fecha de modificación	Tipo	Tamaño
META-INF	14/05/2020 10:27 p. m.	Carpeta de archivos	
content.opf	25/09/2019 09:18 a. m.	Archivo OPF	7 KB
cover.jpg	25/09/2019 09:18 a. m.	Archivo JPG	174 KB
mimetype	25/09/2019 09:18 a. m.	Archivo	1 KB
stylesheet.css	25/09/2019 09:18 a. m.	Documento de ho...	5 KB
titlepage.xhtml	25/09/2019 09:18 a. m.	Documento XHTML	1 KB
tmp_00f5b5b6adfeacec5158a702a6d748c4_LpYBqx.ch.fixed.fc.tidied.stylehacked.xfixed_split_000.html	25/09/2019 09:18 a. m.	Chrome HTML Do...	2 KB
tmp_00f5b5b6adfeacec5158a702a6d748c4_LpYBqx.ch.fixed.fc.tidied.stylehacked.xfixed_split_001.html	25/09/2019 09:18 a. m.	Chrome HTML Do...	3 KB
tmp_00f5b5b6adfeacec5158a702a6d748c4_LpYBqx.ch.fixed.fc.tidied.stylehacked.xfixed_split_002.html	25/09/2019 09:18 a. m.	Chrome HTML Do...	2 KB
tmp_00f5b5b6adfeacec5158a702a6d748c4_LpYBqx.ch.fixed.fc.tidied.stylehacked.xfixed_split_003.html	25/09/2019 09:18 a. m.	Chrome HTML Do...	6 KB
tmp_00f5b5b6adfeacec5158a702a6d748c4_LpYBqx.ch.fixed.fc.tidied.stylehacked.xfixed_split_004.html	25/09/2019 09:18 a. m.	Chrome HTML Do...	13 KB
tmp_00f5b5b6adfeacec5158a702a6d748c4_LpYBqx.ch.fixed.fc.tidied.stylehacked.xfixed_split_005.html	25/09/2019 09:18 a. m.	Chrome HTML Do...	9 KB
tmp_00f5b5b6adfeacec5158a702a6d748c4_LpYBqx.ch.fixed.fc.tidied.stylehacked.xfixed_split_006.html	25/09/2019 09:18 a. m.	Chrome HTML Do...	3 KB
tmp_00f5b5b6adfeacec5158a702a6d748c4_LpYBqx.ch.fixed.fc.tidied.stylehacked.xfixed_split_007.html	25/09/2019 09:18 a. m.	Chrome HTML Do...	15 KB
tmp_00f5b5b6adfeacec5158a702a6d748c4_LpYBqx.ch.fixed.fc.tidied.stylehacked.xfixed_split_008.html	25/09/2019 09:18 a. m.	Chrome HTML Do...	3 KB
tmp_00f5b5b6adfeacec5158a702a6d748c4_LpYBqx.ch.fixed.fc.tidied.stylehacked.xfixed_split_009.html	25/09/2019 09:18 a. m.	Chrome HTML Do...	11 KB
tmp_00f5b5b6adfeacec5158a702a6d748c4_LpYBqx.ch.fixed.fc.tidied.stylehacked.xfixed_split_010.html	25/09/2019 09:18 a. m.	Chrome HTML Do...	17 KB
tmp_00f5b5b6adfeacec5158a702a6d748c4_LpYBqx.ch.fixed.fc.tidied.stylehacked.xfixed_split_011.html	25/09/2019 09:18 a. m.	Chrome HTML Do...	17 KB

Figura 3.

Probemos abrir uno de estos archivos con la extensión «.html» que más se repiten y veamos en la Figura 4 lo que contiene adentro:

Figura 4.

Como podrán darse cuenta al dar doble clic en uno de estos archivos se abre uno de los capítulos (en este caso uno de los cuentos) que conforman nuestro libro electrónico, eso quiere decir que los archivos que conforman nuestro archivo «.epub» son: la imagen de portada, la página de información editorial, el índice, cada capítulo, los datos del autor; en resumen: las mismas partes que conforman un libro impreso.

Repitamos el mismo proceso de descompresión, pero ahora con un archivo de extensión «.mobi» (Figura 5), solo que esta vez lo renombraremos como «.rar» (Figura 6).

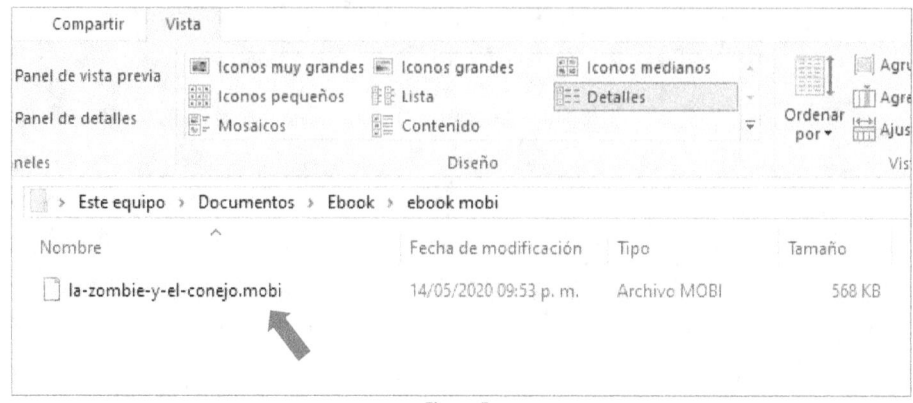

Figura 5.

Figura 6.

Como podemos notar, dentro del archivo «.mobi» también encontraremos los mismos archivos que componen el libro electrónico, como lo son la imagen de portada, la página de información editorial, el índice, cada capítulo, los datos del autor y las demás partes que conforman un libro impreso también. Quizás ordenados de una forma distinta, pero a fin de cuentas la filosofía en cuanto a la arquitectura de los datos que conforman nuestro archivo es la misma. (Figura 7).

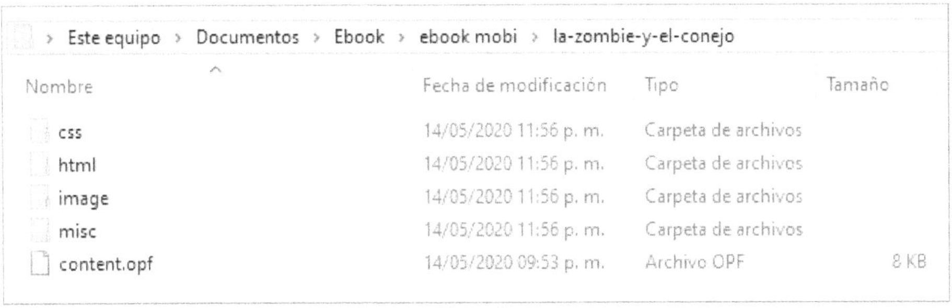

Figura 7.

En conclusión, un ebook es un libro digital diseñado con base en una configuración mediante programación de códigos HTML que dan instrucciones de formato a cada línea, párrafo, título, capítulo, página, en fin, a cada parte que conforma el texto, lo cual lo hace completamente dinámico en cuanto a su maquetación. Por ende, cualquier lector que tome en sus manos un dispositivo capaz de reproducir un archivo en su versión de ebook compatible podrá maquetar a su preferencia el libro mientras lo lee, y podrá avanzar en la historia haciendo saltos de página del mismo modo del que lo haría en un libro impreso.

En la siguiente imagen (Figura 8) podemos apreciar a detalle, gracias a un software de creación de archivos «.epub» la manera en como se compone un ebook, en la primera columna se ve el listado de archivos internos del ebook, en la siguiente columna tenemos la vista de uno de los archivos con el texto de un capítulo acompañado de los códigos de programación HTML que le darán formato al texto, y en la última columna tenemos una vista previa del texto tal y como sería visualizado por el lector, ya con un texto limpio sin los códigos de programación.

Figura 8.

Si bien, este no es un libro encaminado a instruir en las técnicas de programación computacional, sí es una guía que se enfoca a la realización de un ebook de la forma más sencilla, que es por medio de un software de procesador de texto, como lo es el conocido Microsoft Word, y que acompaña al lector en una serie de pasos explicados a detalle, por medio de los cuales la meta es que al final de esta guía se haya explicado de manera cabal cómo dar formato a un ebook mediante un archivo de formato «.doc», además de otros consejos para dejar un libro listo para ser subido a más de una plataforma o tienda de libros electrónicos.

Primera Parte:

Maquetando un ebook en Microsoft Word

3. Respaldo y depurado del archivo

3.1. Respaldo

Habiendo explicado ya el significado y las generalidades de un ebook y teniendo claro qué es lo que esperamos tener como resultado, ahora ya podemos empezar a elaborar el formato o la maqueta de nuestro manuscrito. Antes de comenzar a maquetar nuestro archivo «.doc» se recomienda trabajar en una copia y no sobre el archivo original, ¿cómo podemos hacer esto? De dos maneras sencillas: la primera sería copiando el archivo de nuestro manuscrito original y pegar esa copia en una carpeta nueva; la segunda manera es abrir el archivo original y con la opción «guardar como», cuando nos aparezca un cuadro y nos pida dónde lo guardaremos, creamos una carpeta nueva y ahí lo alojamos. Debemos asegurarnos de guardar un respaldo de nuestro archivo original en una memoria distinta a donde tenemos nuestro archivo trabajando o de preferencia en una «nube».

3.2. Depurado

Ya tenemos nuestro manuscrito en formato «.doc» en un archivo nuevo, el siguiente paso será depurar nuestro documento, ¿A qué me refiero con el término depurarlo? Muchas veces, a pesar de no darnos cuenta a simple vista, nuestro documento de Microsoft Word puede contener una cantidad de información «basura» que nos resulta en un archivo corrupto, o simplemente sucio, hablando en términos de un formato más pulcro o impecable. Este formateo sucio se debe, en la mayoría de las veces, a un mal formateo por desconocimiento de algunas herramientas del procesador de texto como son las herramientas de estilos. En otras ocasiones se debe a que trabajamos nuestro archivo original en distintas computadoras o en distintas versiones del programa, incluso en distintos procesadores de texto, copiando y pegando de un archivo a otro, convirtiendo de PDF a Word y viceversa. Por ello lo primero que debemos hacer antes de dar formato a nuestro libro es quitar todo formato existente y comenzar a formatear desde cero.

Sé que para muchos esto resulta dolorosamente lamentable, ya que mientras escribían su manuscrito en el programa Word lo fueron dotando de algunos estilos que ahora tendrán que quitar, pero tengan por seguro que será para bien de su documento.

La técnica que emplearemos para la depuración o limpieza del documento será partir desde cero con un archivo de formato «.txt», que es un formato de texto simple, basado en un documento que contiene solamente caracteres de texto, sin estilos tipográficos, sin letras negritas ni cursivas, sin distintos tamaños en los espacios de interlineado.

Para convertir nuestro texto a «.txt» o eliminar todo formato actual que contenga el documento, debemos dirigirnos a la opción de seleccionar todo (Ctrl+E). (Figura 9).

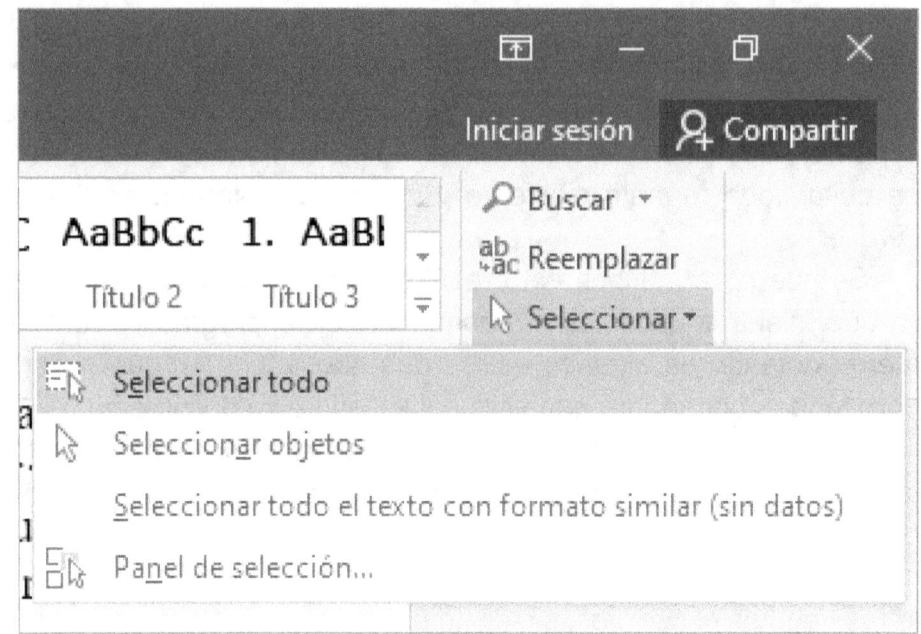

Figura 9.

Una vez que se haya seleccionado el contenido de todo nuestro documento copiamos (Ctrl+C) lo seleccionado, después abriremos una ventana con un bloc de notas y pegaremos (Ctrl+V) el contenido copiado en el bloc de notas. (Figura 10).

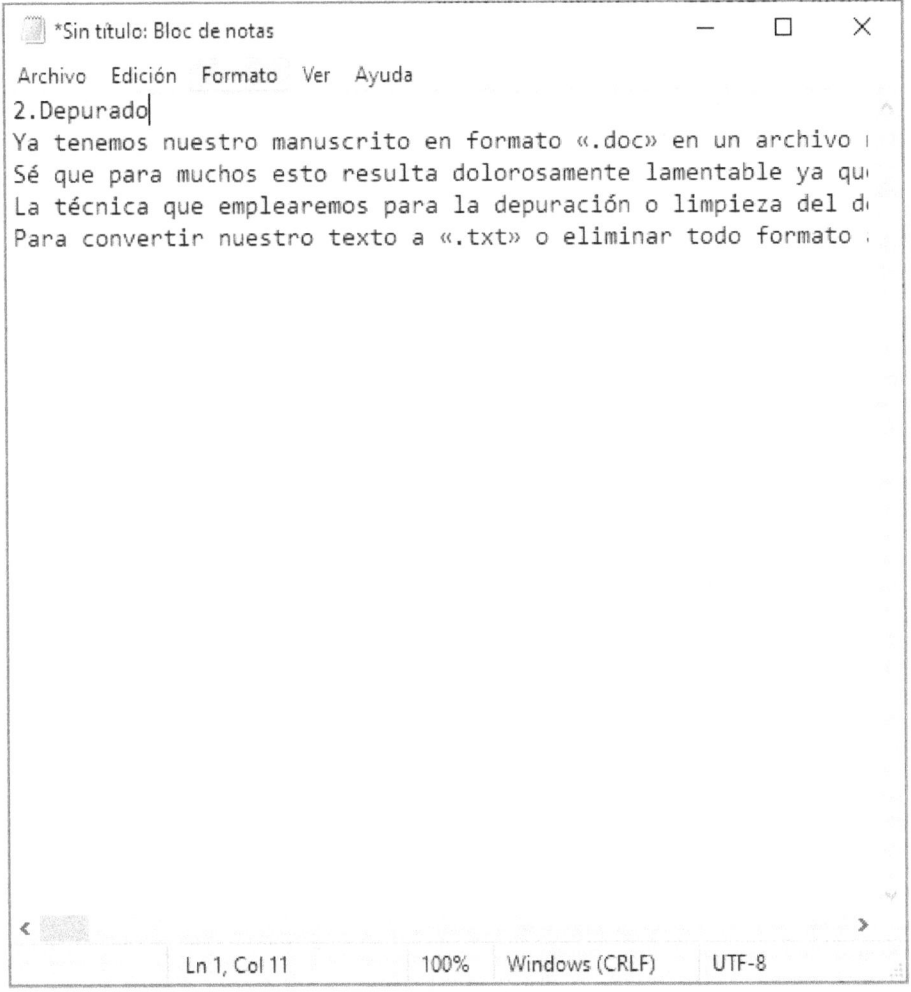

Figura 10.

Ya con esto tendríamos un archivo de texto sin formato. Haremos lo mismo para extraer el contenido de texto sin formato: seleccionamos todo (Ctrl+E) y copiamos (Ctrl+C), ahora abriremos un documento de Word nuevo y pegamos (Ctrl+V).

Ya solo nos falta guardar el archivo con el nombre que deseemos, en lo personal recomiendo poner el título de la obra, seguido de la palabra ebook (ya que en ocasiones podríamos tener una maqueta del mismo libro, pero para impresión) y la versión del documento en la cual estamos trabajando, esto para llevar un mejor control del historial de cambios, por ejemplo: «La zombie y el conejo_ebook_v.01.doc».

A partir de ahora podremos comenzar a dar formato a nuestro documento de Word, con las características que necesita tener para poder ser convertido en un ebook desde la plataforma de las tiendas más populares de libros digitales.

4. Marcas y estilos

Ya tenemos listo nuestro documento de Word o archivo «.doc», sobre todo lo hemos depurado al máximo en cuanto a formatos, estilos o basura invisible y seguro nos estamos preguntando: «¿Por qué nuestro documento luce ahora tan plano, tan sin chiste?» (Figura 11). La respuesta es obvia, nuestro documento, por ahora, carece totalmente de estética, el formato es lo que hace que un libro luzca bonito y sobre todo profesional. Incluso si estuviéramos escribiendo en una máquina de escribir antigua, nuestra necesidad y gusto natural por lo estético nos hicieran tratar de darle el mayor formato posible a nuestro escrito, trataríamos de diferenciar los distintos elementos de nuestro texto con los estilos que consideramos propios para hacer de éste un documento más agradable a la vista y más ordenado. Buscaríamos una manera de diferenciar los títulos de los subtítulos, lo mismo haríamos diferenciando los subtítulos con el cuerpo general del texto, centraríamos algunos elementos en la página, cargaríamos algunos textos hacia la derecha, incluso remarcaríamos dos veces las palabras tratando de crear un estilo de letra negrita, esto con el fin de darle un formato aceptable como libro que, por tratarse de una máquina de escribir, una herramienta completamente mecánica, este proceso sería cien por ciento manual.

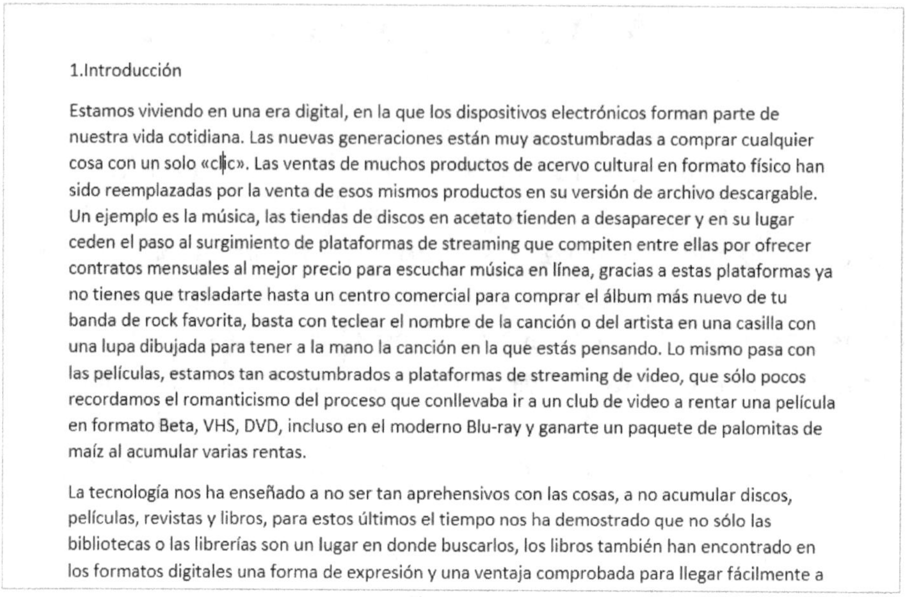

> 1.Introducción
>
> Estamos viviendo en una era digital, en la que los dispositivos electrónicos forman parte de nuestra vida cotidiana. Las nuevas generaciones están muy acostumbradas a comprar cualquier cosa con un solo «clic». Las ventas de muchos productos de acervo cultural en formato físico han sido reemplazadas por la venta de esos mismos productos en su versión de archivo descargable. Un ejemplo es la música, las tiendas de discos en acetato tienden a desaparecer y en su lugar ceden el paso al surgimiento de plataformas de streaming que compiten entre ellas por ofrecer contratos mensuales al mejor precio para escuchar música en línea, gracias a estas plataformas ya no tienes que trasladarte hasta un centro comercial para comprar el álbum más nuevo de tu banda de rock favorita, basta con teclear el nombre de la canción o del artista en una casilla con una lupa dibujada para tener a la mano la canción en la que estás pensando. Lo mismo pasa con las películas, estamos tan acostumbrados a plataformas de streaming de video, que sólo pocos recordamos el romanticismo del proceso que conllevaba ir a un club de video a rentar una película en formato Beta, VHS, DVD, incluso en el moderno Blu-ray y ganarte un paquete de palomitas de maíz al acumular varias rentas.
>
> La tecnología nos ha enseñado a no ser tan aprehensivos con las cosas, a no acumular discos, películas, revistas y libros, para estos últimos el tiempo nos ha demostrado que no sólo las bibliotecas o las librerías son un lugar en donde buscarlos, los libros también han encontrado en los formatos digitales una forma de expresión y una ventaja comprobada para llegar fácilmente a

Figura 11.

Uno de los errores más comunes en el uso de los software procesadores de texto como Microsoft Word y otros programas similares es el de confundir el método de formato digital con el método de formato «completamente manual» de una máquina de escribir mecánica. Hay que recordar que, tratándose de un programa computacional, nos encontramos trabajando con una herramienta digital y frente a un dispositivo (computadora) electrónico, pensemos que, si la tecnología ha hecho posible que hoy en día nos podamos valer de un dispositivo electrónico para crear algo tan común, ordinario y antiguo como la escritura, esa misma tecnología también ha hecho posible un método de formato automático que nos brindan los procesadores de texto.

El desconocimiento de comandos de formato automático que se incluyen en Microsoft Word y en otros procesadores de texto nos limita a dar un formato manual a un documento en una herramienta digital que ofrece poder darle un formato automático. Estaríamos concibiendo al procesador de texto como a una máquina de escribir y no como a un software de creación de documentos con cierta inteligencia propia. Por lo que tomemos nuestro documento plano, de solo caracteres de texto, libre de formato e imaginémoslo como si fuera un lienzo en blanco que espera a que comencemos a darle las pinceladas necesarias para lograr la apariencia deseada. Recordemos que estamos empezando, que nuestro documento no es aún un documento de Word con buen formato, mucho menos es un documento de Word con miras a convertirse en un ebook.

4.1. Mostrar y ocultar marcas y símbolos de formato

Antes de comenzar a darle formato al documento debemos activar la opción de mostrar las marcas o símbolos de formato, para eso primero debemos seleccionar la opción «Mostrar todo», dentro de las opciones de la paleta de herramientas de «Párrafo» (Figura 12). Enseguida nos aparecerán en nuestro documento varias simbologías, dos de ellas más comunes que el resto, la primera de ellas corresponde a un dibujo similar al del ícono del comando «Mostrar todo», esta nos muestra el término de un párrafo o de una línea con cierto estilo predeterminado, y la otra simbología que veremos que más se repite es un pequeño punto en el espacio blanco que separa dos palabras, esto nos ayuda a no pasar más espacio del necesario entre palabras, a partir de este momento trabajaremos con esta opción activada en todo momento.

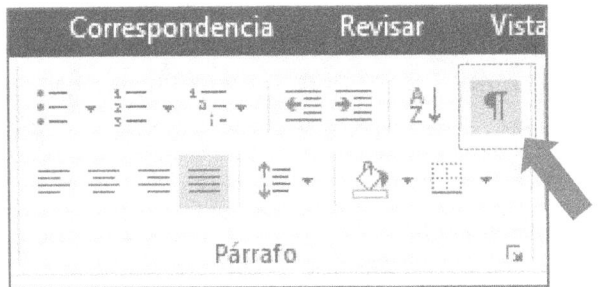

Figura 12.

¿Por qué es importante mantener activada esta opción a la hora de dar formato a un ebook? Es importante para poder medir espacios entre elementos a simple vista. A continuación, se muestran dos ejemplos de formato de espaciado entre elementos, en los dos medimos espacios con las marcas, en el primer caso se han pasado los espacios entre título y cuerpo del texto de manera manual, oprimiendo la tecla «Enter», esto es justo algo que debemos evitar. Y el segundo muestra el formato que sería el correcto para que mejor funcione nuestro ebook en todas las pantallas y que es el formato que debemos conseguir en nuestra maqueta, en este segundo ejemplo el espacio entre el título y el cuerpo del texto se ha hecho mediante estilos de párrafo. Una vez habiendo activado estas marcas pasaremos al siguiente tema, que corresponde al uso de los estilos de párrafo y formato. (Figura 13).

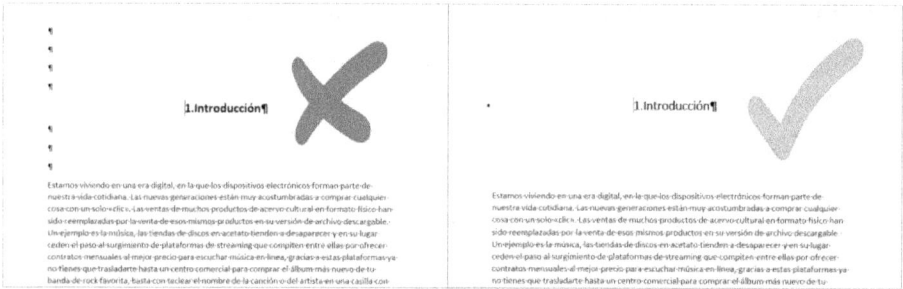

Figura 13.

4.2. Estilos de formato

Aquí comienza la parte más divertida en la elaboración de un ebook, quizás no nos habíamos divertido tanto desde que escribimos nuestra novela, cuento, ensayo, poema o lo que tengamos por maquetar. Es momento de darle a nuestro manuscrito una apariencia de libro impreso. Recordemos que lo que pretendemos con un ebook es lograr transmitir al lector la experiencia de estar leyendo en un libro físico, sobre papel o de estar leyendo de la manera más convencional posible. Para eso hay que aprender a configurar los estilos de párrafo, le daremos una configuración propia de estilo a cada uno de los elementos que conforman nuestro libro, de la misma manera que se le da una configuración a un libro impreso.

Si buscamos entre las paletas de herramientas encontraremos una que lleva por nombre «Estilos», si desplegamos este menú de estilos vemos que hay más estilos, además de que tenemos la libertad de crear todos los estilos necesarios (Figura 14).

Figura 14.

5. Estilo Normal

En la paleta de estilos predefinidos tenemos los más comunes a utilizar, mi recomendación es comenzar a seleccionando todo el texto de nuestro documento (Ctrl+E), y por lo pronto designar a todo el documento el estilo «Normal», sin importar la configuración de diseño que tenga actualmente. Muy probablemente ya lo teníamos en estilo «Normal» cuando lo pegamos desde nuestro bloc de notas, aun así, confirmaremos que ahora esté en estilo «Normal».

Lo siguiente que haremos es modificar la configuración del estilo «Normal», para dejarlo justo con el diseño que necesitamos para la mayor parte del cuerpo de nuestro libro y con el formato estándar de un libro impreso. Nos dirigimos a la paleta de estilos que se encuentra en nuestra barra de herramientas, colocamos el cursor sobre el estilo «Normal» y oprimimos el botón derecho de nuestro «Mouse» (Figura 15).

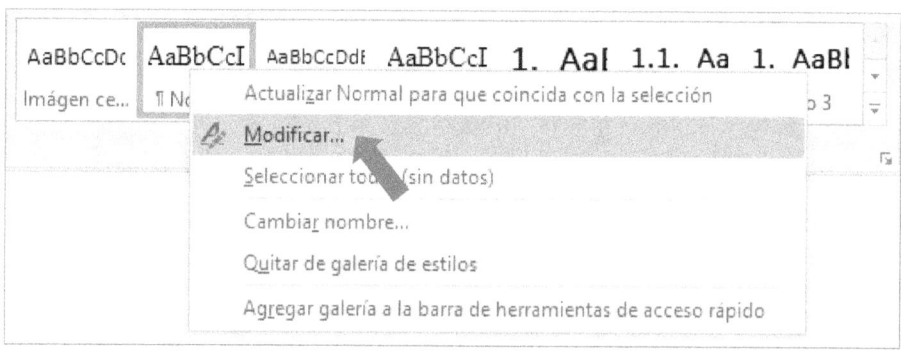

Figura 15.

Se deberá abrir un cuadro de opciones como el que se presenta a continuación en la Figura 16.

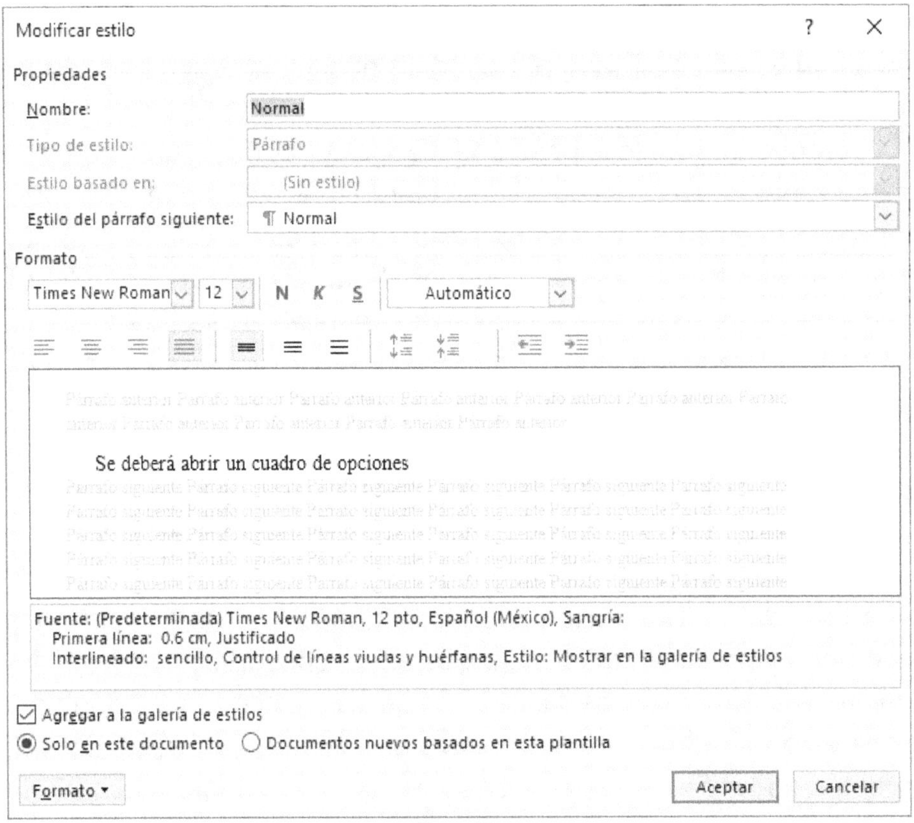

Figura 16.

5.1. Tipografía

Comencemos probando con la fuente de nuestro libro. Se mencionó anteriormente que desde el dispositivo donde se visualiza un ebook se puede seleccionar la tipografía y tamaño de la fuente y dejarla al gusto del lector, como quiera, como editores que somos de nuestro propio ebook, debemos establecer una fuente que vaya en proporción al tamaño de la mayoría de las pantallas y a los demás elementos de texto que tendremos en nuestro ebook, como lo son los títulos de los capítulos. Habrá personas que tomen nuestro ebook tal como aparece en la tienda y comiencen a leerlo sin modificar nada, por lo mismo, debemos procurar elegir la mejor tipografía y el mejor tamaño de la fuente que necesitamos para ofrecer al lector un libro con buen diseño. En lo personal, soy del tipo de lector que no le hace cambios al formato de un ebook, por lo que valoro el tiempo dedicado por el editor al dejar un trabajo listo para leerse.

Recomiendo seleccionar una tipografía común, una que sea más probable que contenga cualquier dispositivo o cualquier aplicación, y si estamos pensando en un ebook cuyo contenido principal son las letras y no las imágenes, la mayor recomendación es utilizar una tipografía que tenga serifa. La palabra «serifa» proviene del término francés «serif», y corresponde a los remates o adornos que tienen las letras de muchas tipografías en sus terminaciones, regularmente en forma de gancho. Recomiendo buscar en el internet ejemplos de tipografías con serifa (serif) y sin serifa (sans serif), para formarse una idea más clara de lo que aquí comento.

Mi recomendación es establecer un tamaño de letra «12» con una tipografía «Times New Roman», que es de las fuentes más comunes y prácticamente es la que se ha convertido en un estándar para los escritos de ficción. Otras tipografías muy populares para estos fines son «Garamond», que es muy utilizada por imprentas en libros impresos y en lo personal me gusta mucho, y la tipografía «Baskerville Old Face». Cualquiera de estas tres recomendaciones sería una buena elección para tu libro electrónico, en especial si se trata de una novela, una colección de relatos o un ensayo.

Una nota importante es que debemos seleccionar el tipo de fuente para nuestro estilo de párrafo «Normal» desde el cuadro de configuración de la paleta de «Estilos», y no desde la paleta de «Fuente». Lo único que sí pudiéramos editar en la paleta de «Fuente» son algunas palabras con estilo aislado, como resaltar una palabra en Negrita, Cursiva, Subrayada o Tachada. Lo mismo para números en subíndice y superíndice.

5.2. Color de la fuente

En cuanto al color de la fuente hay que dejarlo en «Automático», la razón es que la mayoría de las apps para leer ebooks tienen configurado el color negro como automático y no tienen la modalidad de cambiar el color al texto, salvo al sepia. En lo que a los e-readers respecta, su tecnología de pantalla de tinta electrónica solo tiene color negro.

Nunca deberá configurarse en color negro, a pesar de que los dispositivos y apps para leer tomen el tono automático como negro. La razón es la siguiente: Algunos dispositivos electrónicos o la mayoría de las aplicaciones para reproducción de archivos de ebook tienen la opción de lectura en modo nocturno. Esta modalidad invierte los colores, dejando el fondo en negro y la fuente en color blanco, esto debido a que la fuente está en un color de conversión automático. Si dejáramos la fuente en color negro y cambiáramos a modo nocturno, el programa respetaría el código que determina el color negro y se perdería entre el negro del fondo.

5.3. Sangría

Ahora vamos a configurar una sangría que tenga un buen aspecto para el inicio de cada párrafo de nuestro ebook. En el mismo cuadro donde nos encontramos en la configuración del estilo «Normal», nos vamos a dirigir a la esquina inferior izquierda, y daremos «clic» justo en el botón que tiene la palabra «Formato», se desplegará otro menú, abriremos el cuadro correspondiente a la configuración de «Párrafo» (Figura 17).

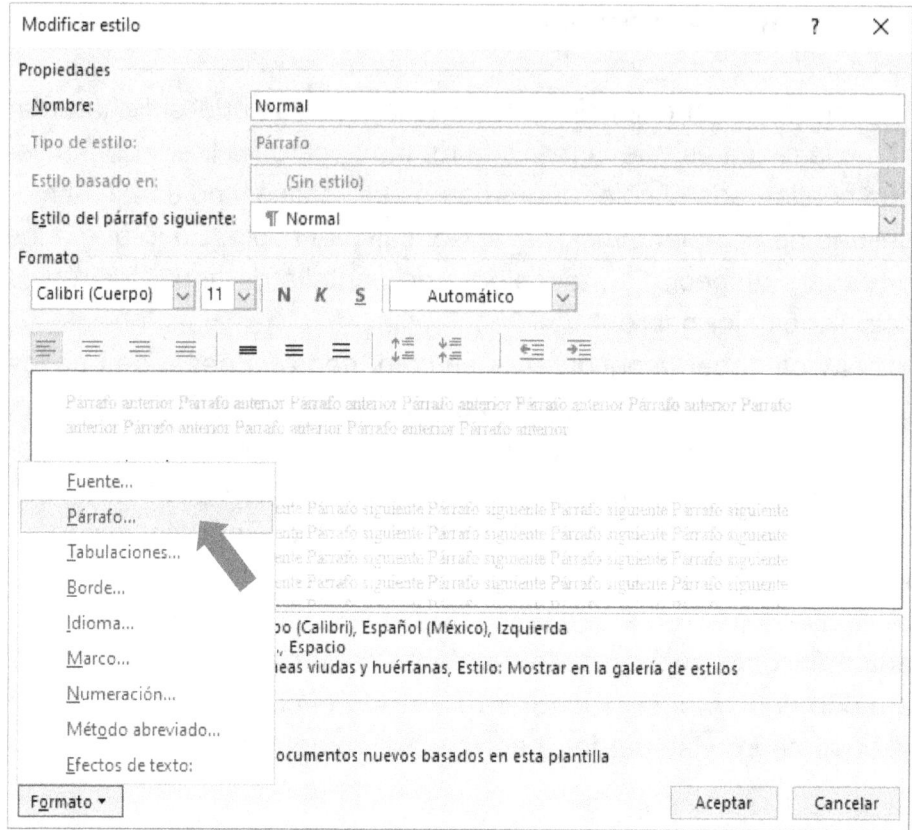

Figura 17.

Recordemos que estamos editando un libro, la primera recomendación que haré para tener una idea más clara de la sangría que necesitamos configurar para nuestro párrafo estándar es tomar como ejemplo las publicaciones impresas que encontramos en casa. Podemos ir hasta nuestro librero y tomar un par de libros de nuestras editoriales favoritas, cada quien es libre de realizar la comparativa con la cantidad de libros que desee. En mi caso tomé dos libros: uno con formato de bolsillo y otro un poco más grande, con un tamaño de 5.5" x 8.5", que es un tamaño muy común en las novelas. Abramos un libro en una página cualquiera y enfoquemos nuestra visión en la primera línea de un párrafo. Basándonos en las primeras letras de la segunda línea del mismo párrafo, tratemos de contar cuántas letras cabrían en la sangría. Los dos libros que yo tomé como referencia para medir la sangría difieren mucho entre sí, uno tiene una sangría que ocupa un equivalente a cuatro caracteres, el otro libro tiene una sangría que ocupa siete caracteres. Como podemos ver, no hay una regla específica para el tamaño de la sangría. Los dos libros que tomé como referencia corresponden a dos de las editoriales más grandes e importantes en el mundo de los libros impresos, pero el criterio que comparten en común es que señalan el inicio de un párrafo o la separación entre párrafos con una sangría del lado izquierdo, pero solo en la primera línea. En este aspecto somos libres de tomar una medida de las dos que les mencioné, incluso una medida intermedia que pudiera medir entre cinco o seis caracteres.

Configuremos nuestra sangría dejando un valor de 0 cm en las sangrías izquierda y derecha, y definamos un valor de separación de 0.7 cm conforme al margen, solo en la primera línea, en las configuraciones de sangría «Especial» (Figura 18). Pueden probar con el valor que más les convenza, el estándar pudiera variar entre 0.5 cm y 0.9 cm.

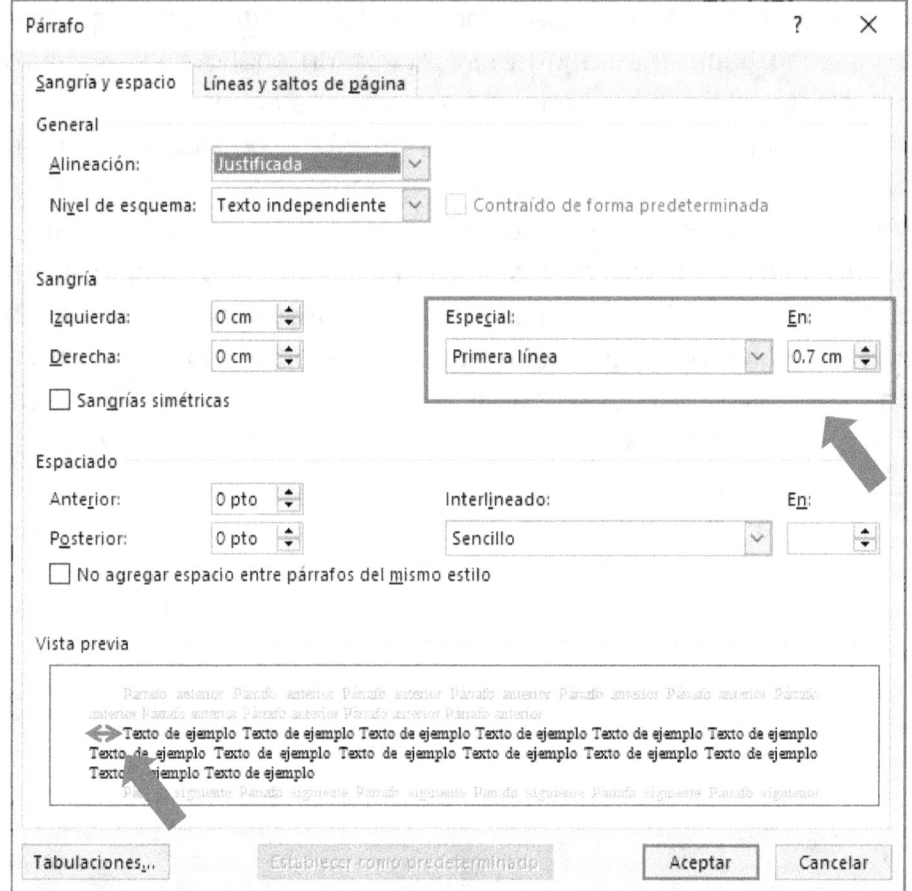

Figura 18.

Ya con esto tendríamos configurada una sangría de buen aspecto para el inicio de nuestros párrafos. Evita totalmente crear una sangría de modo manual. Una manera errónea de colocar una sangría en Word sería pasar los espacios oprimiendo en repetidas ocasiones la «barra espaciadora» u oprimiendo la tecla «Tab» (Figura 19).

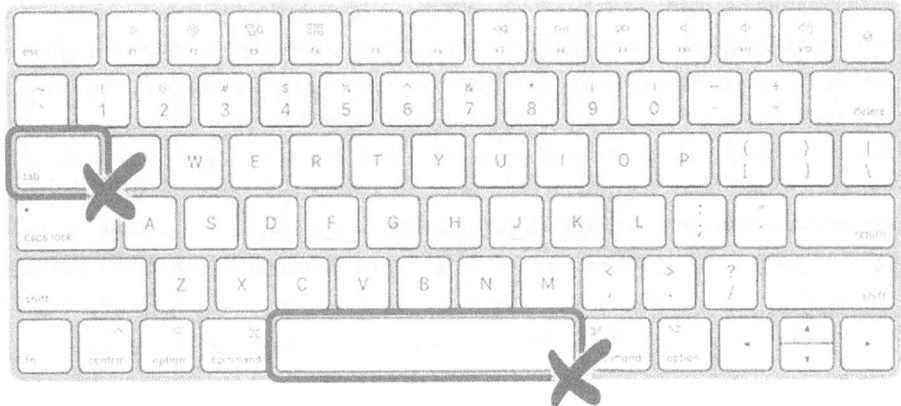

Figura 19.

5.4. Párrafos sin espaciado.

Volvamos a revisar el par de libros impresos que tomamos como referencia para establecer una sangría. Ahora que sabemos en dónde empieza cada párrafo, enfoquemos nuestra visión en un segundo párrafo y nos daremos cuenta de que en los libros impresos no se deja un espacio para la separación de párrafos entre sí, al menos en los que siguen un estándar de espaciado entre párrafos por medio de la sangría en la primera línea. Este estilo de separación de párrafos es ideal para que nuestros ebooks escritos en prosa luzcan geniales. Para eso debemos dejar los campos de espaciamiento superior e inferior en 0 puntos. (Figura 20).

5.5. Espaciado en bloque

Otra manera de separar los párrafos es mediante un espacio, eso hace que los párrafos se conviertan visualmente en bloques. Aunque también es común este tipo de separación de párrafos en trabajos de redacción, ya comentamos que en los libros impresos no es lo más común, al menos en los escritos en prosa, como novelas, cuentos o ensayos.

Pero lo podemos ver a menudo en libros de cuentos infantiles, ya que este estilo cumple con aligerar la carga visual que tendríamos en los párrafos juntos, ya que para un niño podría ser como ver un solo párrafo interminable. Una analogía que se me ha antojado al respecto es la de pararte frente a una escalera de muchos peldaños, la cual no tiene descansos cada cierta cantidad de peldaños, seguro que ya comenzando a subirla no querríamos voltear hacia abajo.

Para el espaciado de párrafos en bloques la configuración más típica es la de asignarle al espaciado posterior de cada párrafo el valor mínimo (6 Pto), (Figura 20).

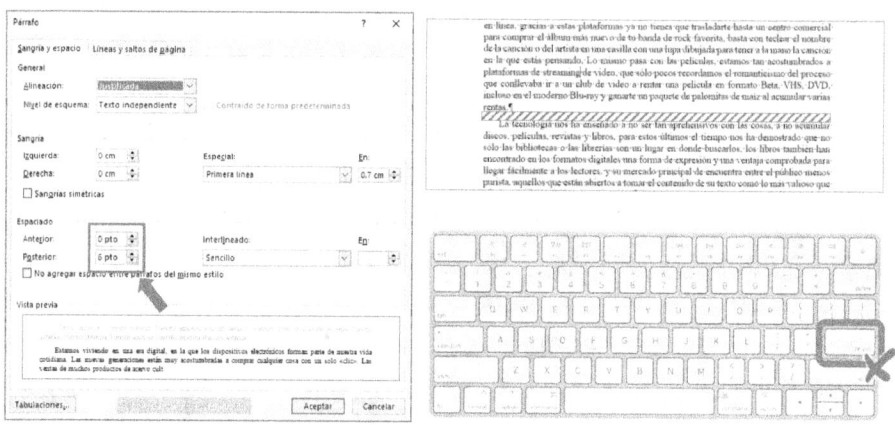

Figura 20.

Es muy importante tomar en cuenta que nunca debemos espaciar dos párrafos con la tecla «Enter» (Figura 21).

que·conllevaba·ir·a·un·club·de·video·a·rentar·una·película·en·formato·Beta,·VHS,·DVD,·incluso·en·el·moderno·Blu-ray·y·ganarte·un·paquete·de·palomitas·de·maíz·al·acumular·varias·rentas.¶

¶

La·tecnología·nos·ha·enseñado·a·no·ser·tan·aprehensivos·con·las·cosas,·a·no·acumular·discos,·películas,·revistas·y·libros,·para·estos·últimos·el·tiempo·nos·ha·demostrado·que·no·

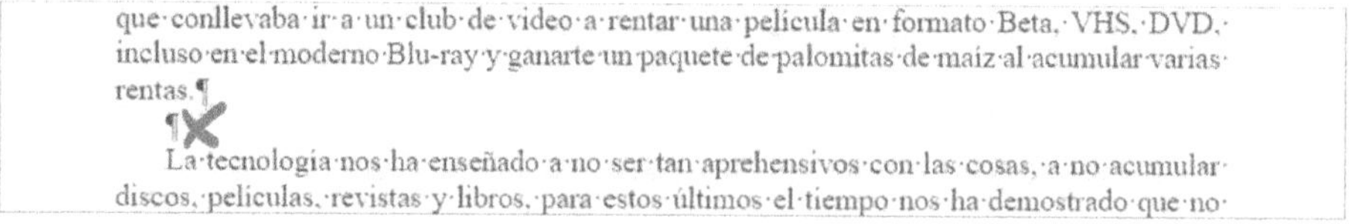

Figura 21.

5.6. Espaciado en Poesía

Si lo que estamos maquetando es un libro de poesía entonces debemos utilizar el espaciado de párrafo en bloque, pero hay un pequeño problema que debemos tomar en cuenta, si brincamos de una línea a otra se nos creará en automático un espacio, dándonos la impresión de tener un interlineado de 1.5 Pto o doble espacio. Este problema lo resolveremos fácilmente: cuando saltemos una línea dentro de una misma estrofa debemos oprimir «Shift+Enter» y cuando saltemos a la siguiente estrofa pulsaremos solamente «Enter». (Figura 22).

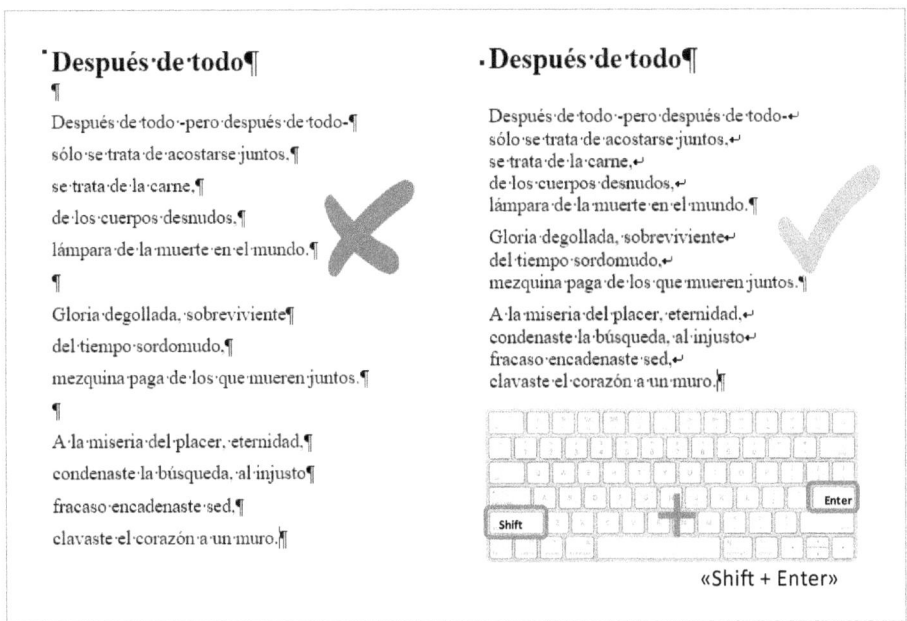

Figura 22.

5.7. Interlineado

Para el interlineado optaremos por dejarle al lector la libertad de crecerlo o reducirlo a su gusto. Independientemente del valor que tenga predefinido el estilo «Normal» en Word, lo cambiaremos a «Sencillo» como se muestra en la Figura 23.

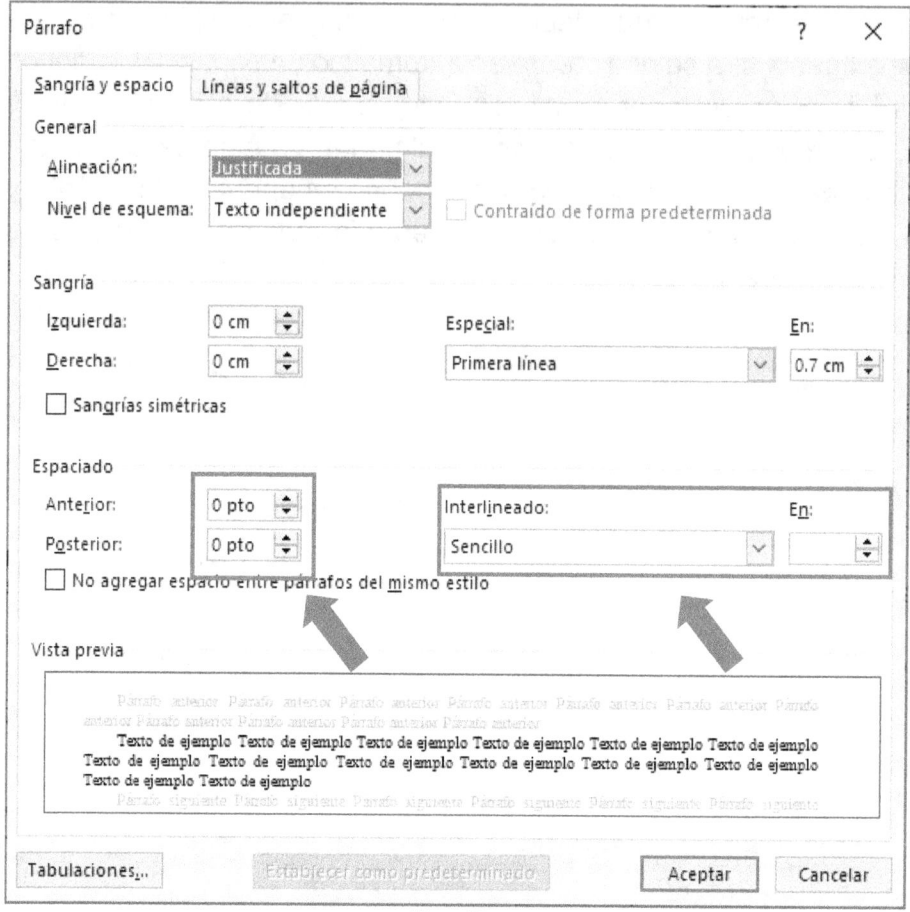

Figura 23.

5.8. Alineado, centrado y justificado

Para configurar el alineado de párrafo de nuestro ebook acudamos nuevamente a observar nuestros libros impresos que tomamos de referencia para la sangría y el espaciamiento entre párrafos. Notemos que el texto se ajusta de manera lineal a ambos lados de los márgenes izquierdo y derecho, a esto se le llama «alineado justificado». Para lograr esta configuración de párrafo debemos activar el botón de Justificar (Figura 24). Esto hará que los márgenes izquierdo y derecho queden lineales, pero, aunque unas líneas se ajustarán muy bien al tamaño de la página, pero también habrá otras en las que se abrirán demasiado los espacios que existen entre las palabras que resultarán desagradables a la vista.

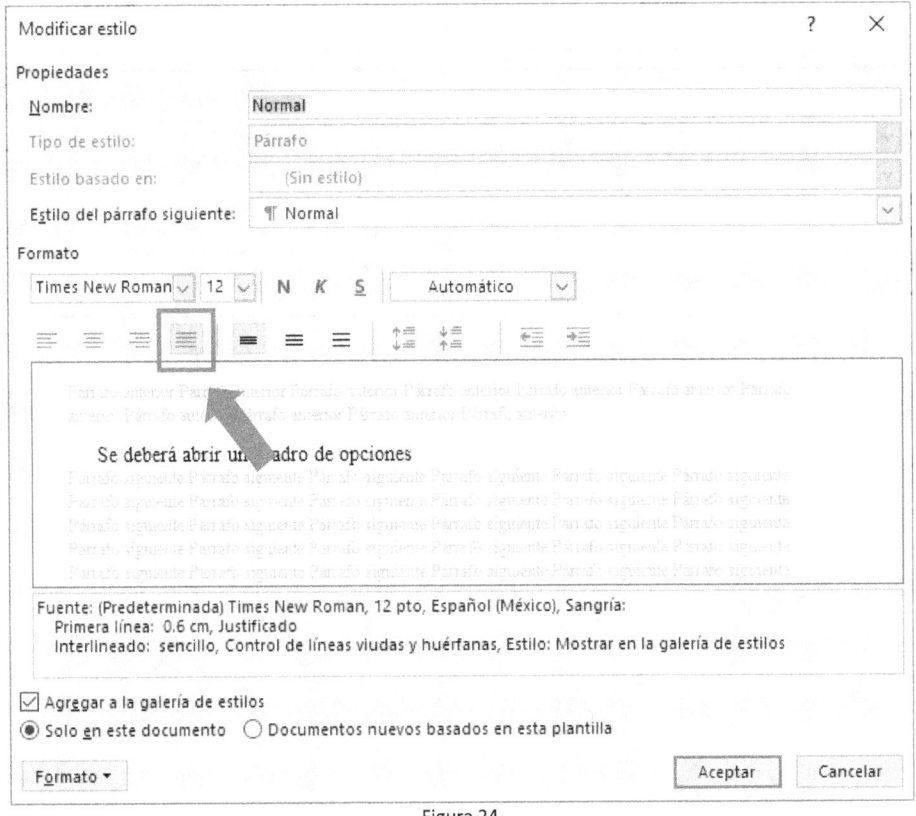

Figura 24.

De esta manera habríamos terminado de configurar un formato predefinido para el estilo de párrafo «Normal», que corresponde a la mayor parte del texto que tendrá nuestro ebook. Recordemos que somos libres de probar con configuraciones propias y que en esta guía solo se sugieren los parámetros que se considera que pudieran dar un formato ordenado y agradable a la vista a nuestro ebook, pero siempre estarán sujetos a posibles mejoras. Sabemos que hasta en las recetas de cocina hay quienes le dan más sazón a un platillo, igualmente en la maquetación de un libro electrónico, solo es cuestión de aprender a configurar los estilos y conforme los vayamos dominando podremos darle mayor calidad al resultado final.

La ventaja que nos ofrece poder ajustar el formato desde el cuadro de configuración de cada estilo predefinido es que, al realizar un cambio en dicho estilo, éste se haría de manera automática para todos los párrafos del mismo tipo que existen en nuestro documento.

6. Letra Capital

Conocemos como letra «capital» o «capitular» a la primera letra que encontramos en el primer párrafo de cada capítulo, siempre y cuando esta letra la encontremos resaltada mediante un tamaño de fuente mayor al resto de las letras del párrafo y en la mayoría de las ocasiones con un tipo de fuente que tiene más adornos que el resto en cuanto a la serifa.

Para colocar una letra capital tenemos que seleccionar nuestro primer párrafo de cada capítulo y una vez seleccionado ir a Insertar > Letra Capital > En texto. Hay dos opciones más: Ninguno, que nos lo dejaría tal y como está, sin la letra capital; y la otra opción que encontramos en el botón de letra capital es «En margen», que no se ve muy bien para un libro de ficción (Figura 25 y Figura 26).

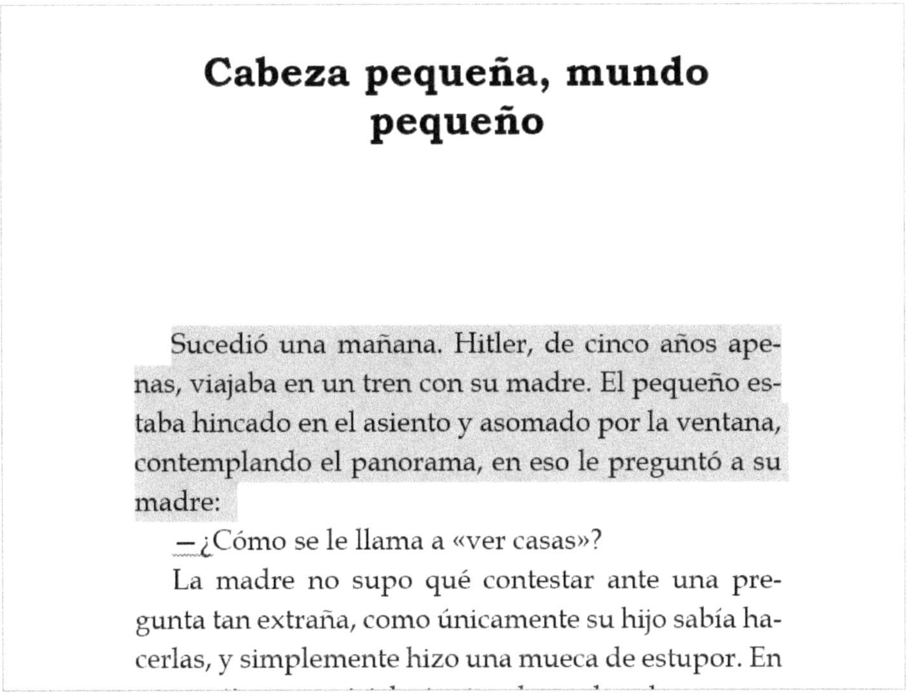

Cabeza pequeña, mundo pequeño

Sucedió una mañana. Hitler, de cinco años apenas, viajaba en un tren con su madre. El pequeño estaba hincado en el asiento y asomado por la ventana, contemplando el panorama, en eso le preguntó a su madre:

—¿Cómo se le llama a «ver casas»?

La madre no supo qué contestar ante una pregunta tan extraña, como únicamente su hijo sabía hacerlas, y simplemente hizo una mueca de estupor. En

Figura 25.

Por último, de manera manual le quitamos la sangría a esa línea.

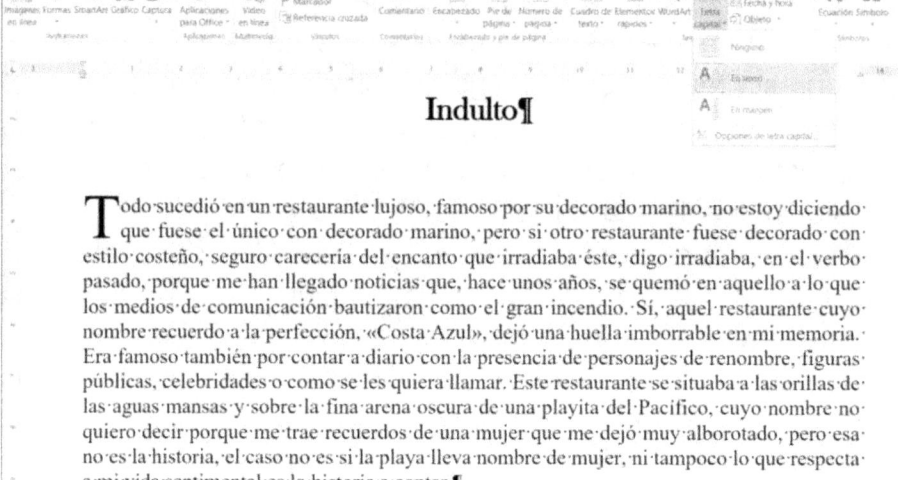

Figura 26.

7. Títulos de secciones

7.1. Título 1: Encabezado de capítulo

El siguiente estilo a configurar es el de los encabezados de cada capítulo. Este estilo es uno de los más importantes para el funcionamiento de un ebook, ya que nos ayuda a crear el índice. Éste en los ebooks se conoce más como «Tabla de contenido» o «TOC».

Además de ayudarnos a crear el índice de manera automática, los encabezados nos ayudan a romper con la monotonía visual de los párrafos del cuerpo del texto y le dan a nuestro libro un toque de originalidad. Es en los títulos de capítulo donde el editor pone su sello en cuanto a diseño.

Para los «Títulos» o «Encabezados» de sección tenemos un estilo predefinido que en su configuración ya tiene la función de crear, a partir de este, una nueva sección en el documento. Esta sección puede ser un nuevo capítulo, un cuento, una introducción, el título de la nota acerca del autor o un tema cualquiera.

Empecemos por modificar el estilo «Título 1», para este estilo podemos ser más atrevidos en cuanto a la fuente, ya que parte de su propósito es diferenciarse del cuerpo del texto. Aun así, lo más conveniente es utilizar una tipografía común y no una con una caligrafía muy exagerada que ningún lector incluya.

El tamaño de la fuente que seleccionemos puede variar de acuerdo a la cantidad de texto. Para los libros en donde a cada capítulo lo bautizan con un nombre, y que estos nombres pueden llevar varias palabras, incluso pueden ser una frase corta, un tamaño de fuente de 14 o 16 puntos podría estar bien. Esto aplica también para los libros de cuentos.

Si nuestros capítulos llevan siempre la palabra «Capítulo», por ejemplo, «Capítulo 5» o «Capítulo Cinco», o solo «Cinco», que son solo un par de palabras o frases muy cortas, incluso «5» o «V», así, sin más. En estos podemos crecer el tamaño de la fuente aún más, ya que no corre el riesgo de deformarse el título en las pantallas de los e-readers, para estos podríamos utilizar un tamaño de fuente de 18 o 20 puntos.

Para efectos de establecer un parámetro en esta guía, yo utilizaré una fuente de tamaño 18 Pto en Negrita, Centrada y elegiré la tipografía «Book Antiqua» (Figura 27).

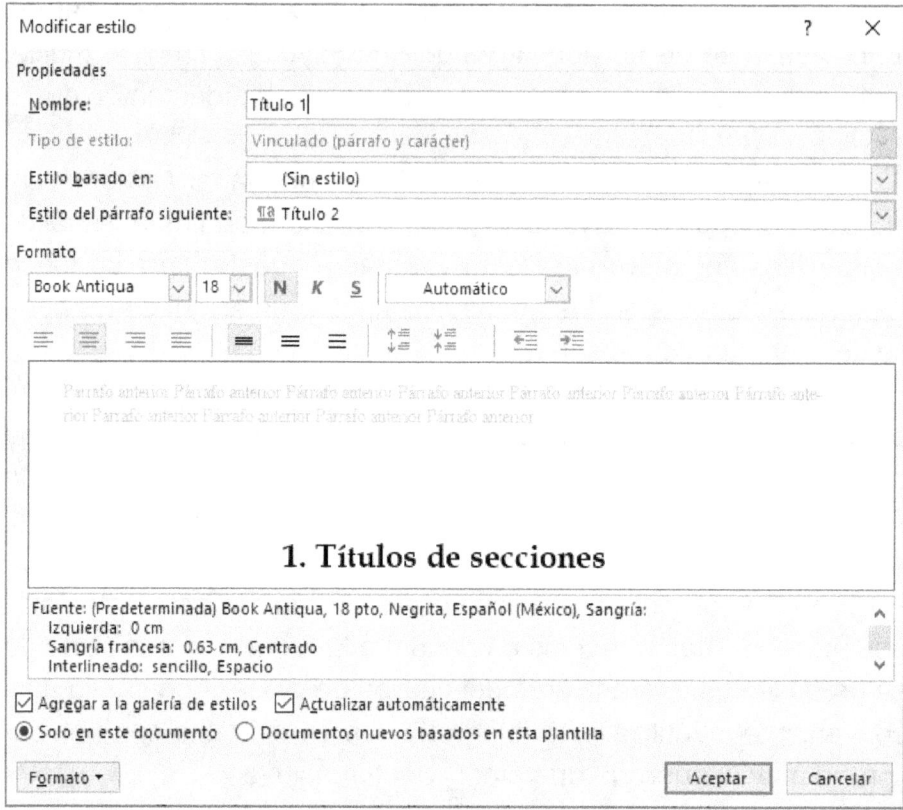

Figura 27.

Ahora vayamos a la configuración de la sangría, el espaciamiento y el interlineado. Para la sangría dejaremos un valor de 0 cm, ya que la estamos manejando centrada y cualquier valor que le llegáramos a definir haría que nuestro título no quede totalmente centrado.

En el espaciamiento estaría bien manejar un valor entre 30 o 42 puntos para que nuestro título aparezca más abajo del margen y nuestro primer párrafo del texto, que también se conoce como

«Párrafo capitular», quede notoriamente separado del título. En este formato de edición de «Página capitular» es muy común verlo en la mayoría de los libros impresos.

El interlineado también lo dejaremos como sencillo, este es el espaciamiento entre las líneas del título, en el caso de que nuestro título ocupe más de una línea (Figura 28).

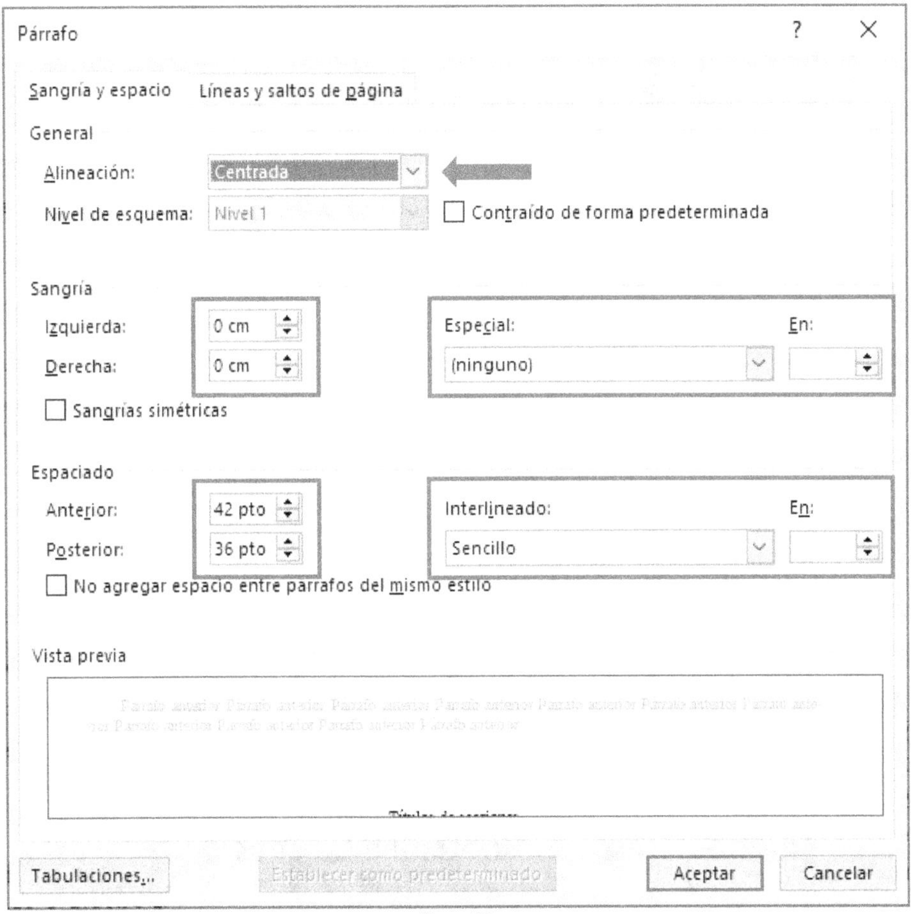

Figura 28.

Lo común en la edición de un libro es que un capítulo siempre comience en una página nueva, haremos que este estilo genere un salto de página en automático cada vez que agreguemos un nuevo «Título 1». Para lograr lo siguiente vayamos al botón de «Formato», elijamos de nuevo el menú de «Párrafo» y vayamos a la pestaña de «Líneas y saltos de página». Aquí, en «Paginación» marcaremos las casillas «Conservar con el siguiente», «Salto de página anterior» y «No dividir con guiones» (Figura 29).

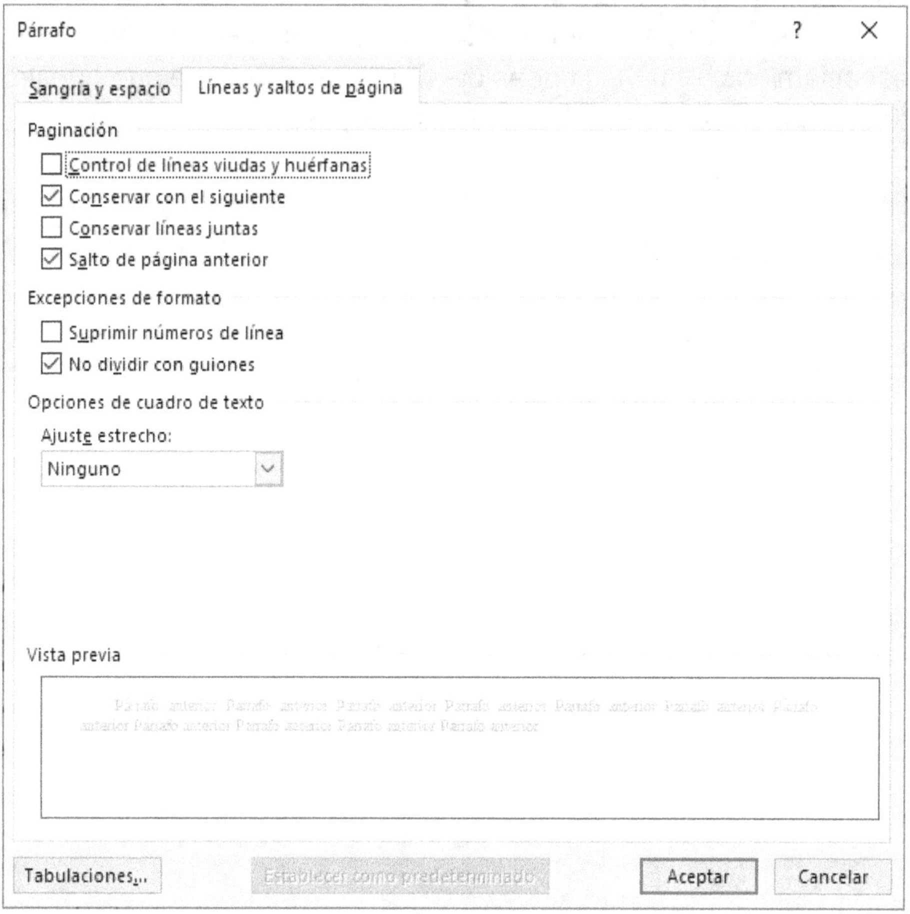

Figura 29.

7.2.   Título 2 y Título 3: Subtemas de sección

Los estilos «Título 2» y «Título 3» están basados en la configuración de estilo de «Título 1». Se recomienda manejar los parámetros de configuración de fuentes muy similares, para no caer en el exceso de uso de fuentes distintas. La diferencia que se recomienda hacer conforme al título del capítulo es el tamaño de la fuente y la alineación. Un ejemplo podría ser alinear el estilo «Título 2» a la izquierda y asignar un tamaño de fuente apenas un número mayor al utilizado en el estilo «Normal». Un valor de 13 o 14 puntos sería una buena elección. (Figura 30).

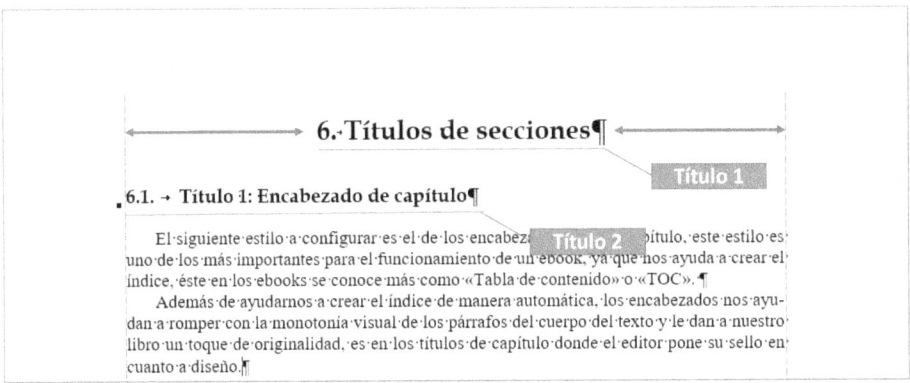

Figura 30.

7.3. Índice Automático

Una vez que tengamos lista nuestra configuración de estilos de Títulos y hayamos seleccionado todos los encabezados de nuestro libro designándoles los diferentes estilos de «Título 1», «Título 2» y «Título 3», según apliquen, es muy seguro que tengamos también nuestro Índice automático listo para comprobar que lo hayamos estado haciendo bien. Debemos ir a la opción «Buscar» y nos aparecerá un cuadro que recomiendo jalar a la izquierda para convertirlo en una barra lateral. En este cuadro debemos seleccionar la vista «Títulos» y veremos que ahí están enlistados todos nuestros capítulos y subtemas (Figura 31).

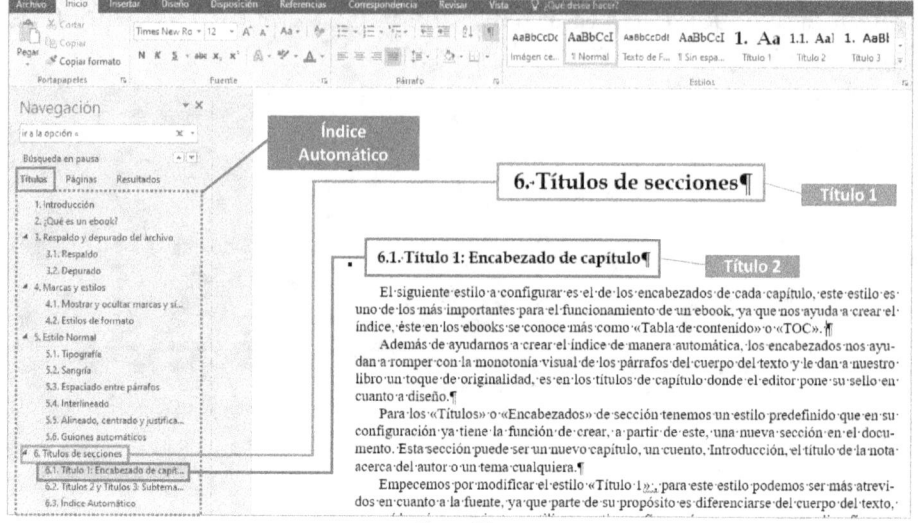

Figura 31.

Ahora probemos con hacer «Clic» en cualquier título de nuestro índice. ¿Notamos que el índice nos lleva justo a la página donde se encuentra el título al que le hemos hecho «Clic»? Eso es muy bueno, ya que de esa misma manera podrán navegar nuestros lectores entre los capítulos y temas de nuestro ebook en sus dispositivos electrónicos. Ya nos estamos acercando cada vez más a la meta, aunque este índice electrónico todavía no es una «tabla de contenido» de ebook o un «TOC». Aún no es tiempo de hablar del «TOC». No *coman ansias*, antes debemos seguir dando formato a los distintos elementos de nuestro libro electrónico y, una vez que todo esté listo, explicaremos a detalle cómo elaborar con éxito una tabla de contenido.

8. Elementos de un libro

8.1. Partes internas y externas de un libro

Imaginemos que estamos sumamente inspirados y corremos a la computadora porque se nos vino a la mente un tema genial para escribir nuestra próxima novela y comenzamos escribiendo, «Capítulo 1», y nos seguimos de largo escribiendo hasta el final. Entonces, justo cuando pensamos que ya hemos terminado, nos damos cuenta de que nuestra novela no tiene un nombre aún, y también notamos que tampoco tenemos portada.

Del mismo modo hemos terminado de dar formato a la parte central de nuestro libro, ya tenemos todos los párrafos y los encabezados capitulares, estábamos tan inspirados que no pensamos en los pequeños detalles, aquellos elementos que, sin ser parte fundamental de la historia, nos ayudan a complementar nuestra publicación y darle el formato de libro y ya no más de simple manuscrito.

Del mismo modo hemos terminado de dar formato a la parte central de nuestro libro, ya tenemos todos los párrafos y los encabezados capitulares, estábamos tan inspirados que no pensamos en los pequeños detalles, aquellos elementos que, sin ser parte fundamental de la historia, nos ayudan a complementar nuestra publicación y darle el formato de libro y ya no más de simple manuscrito.

Dirijámonos nuevamente a nuestro librero a coger un par de libros de nuestros autores favoritos, pero en esta ocasión, observaremos con cuidado los libros, desde lo general a lo particular y encontraremos que ambos tienen en común algunos elementos, justo esos elementos que los hacen ser un libro. Las partes más comunes que contiene un libro son las siguientes:

Partes externas:

- Cubierta
- Lomo
- Contraportada

Partes internas:

- Hoja de cortesía (página blanca por ambas caras)
- Anteportada
- Portada
- Página legal
- Dedicatoria o agradecimientos (o ambos)
- Cuerpo del libro
- Biografía o Acerca del autor
- Índice (en caso de que aplique)

Pero como estamos trabajando en un ebook y no en un ejemplar impreso, nuestro libro podrá prescindir de algunas partes, sobre todo las que no tienen razón de ser en un archivo digital. Empecemos por descartar algunas de las partes externas del lomo y la contraportada y nos quedaremos solo con la cubierta. De las partes interiores descartemos la página de cortesía y la contraportada, nos quedaremos con todo lo demás, por lo que nos enfocaremos en darle formato a las siguientes partes de nuestro libro electrónico:

- Portada
- Página legal
- Dedicatoria o agradecimientos (o ambos)
- Cuerpo del libro
- Biografía o Acerca de autor
- Índice (en caso de que aplique)

8.2. Portada

8.2.1. Título del libro

Configuremos la portada, hay dos opciones comunes, una es citar primero el nombre del autor y debajo el nombre del libro, la segunda opción es citar primero el nombre del libro y después el nombre del autor, en líneas diferentes, de preferencia con tipografías diferentes. En lo personal me gusta poner una tipografía más grande y en negrita para el título del libro y una un poco más pequeña para el nombre del autor.

Pruebe con el estilo «Título» para configurar un tamaño de texto de 30 Pto en la tipografía en negrita, centrada con espaciamiento de 84 Pto anterior y 12 Pto posterior e interlineado sencillo (Figura 32).

El tamaño de la letra va con relación a lo largo del título de nuestro libro, recordemos que mientras existe una novela del escritor Carlos Fuentes llamada «Aura», también existe un libro de Gabriel García Márquez titulado «La increíble y triste historia de la cándida Eréndira y de su abuela desalmada». Imaginen como se verían estas dos portadas con el mismo tamaño de la fuente para el título, alguno de los dos se vería raro. El primero, por ser tan corto, nos da la libertad de crecer y resaltar el nombre del libro, incluso nos obliga a eso. En el segundo título, por ser muy largo, nos obliga a configurar un tamaño de texto mediano y hacer pruebas de acomodo con más de una línea.

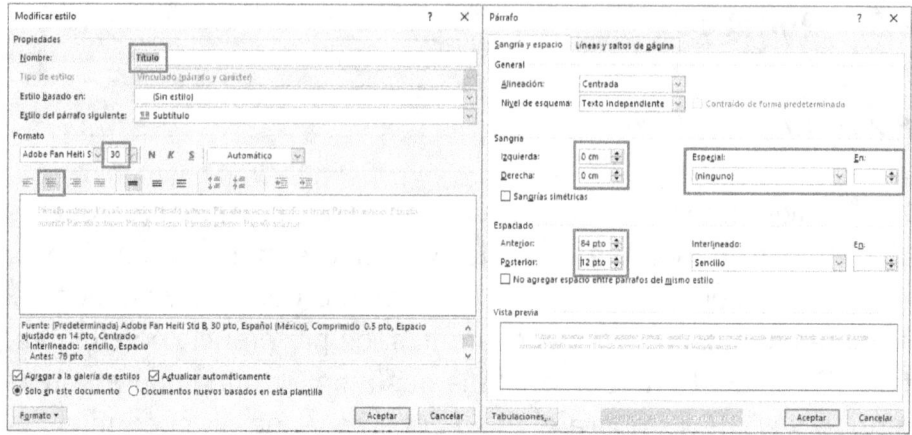

Figura 32.

8.2.2. Título del Autor

Probemos con el estilo «Subtítulo» para configurar un tamaño de texto 22 Pto en la tipografía que gusten, en negrita, centrada, con espaciamiento de 0 Pto anterior y 0 Pto posterior e interlineado sencillo (Figura 33).

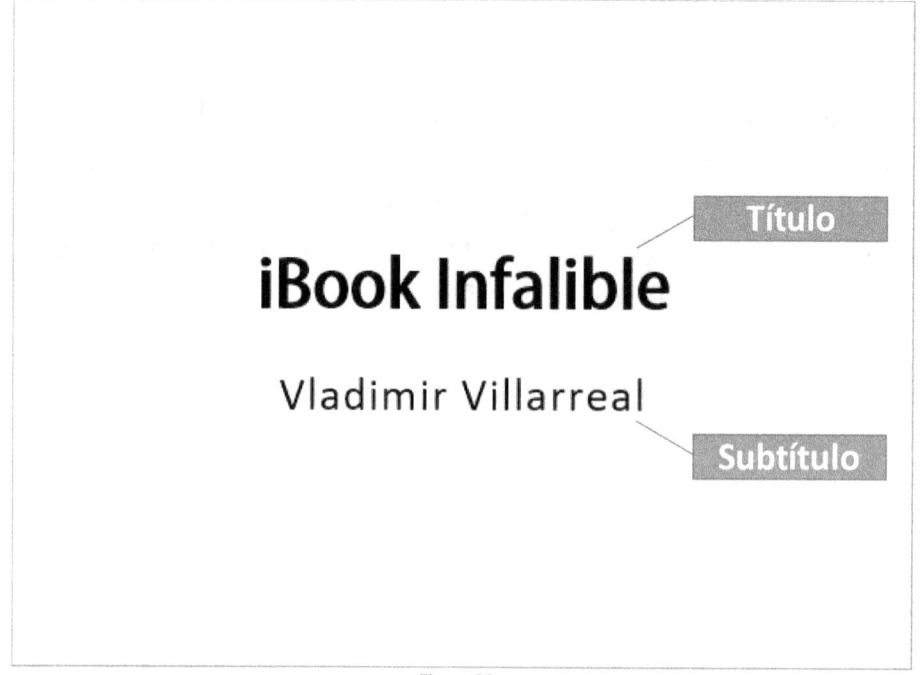

Figura 33.

8.3. Página legal del ebook

La siguiente página a maquetar es la que se encuentra regularmente en la cara posterior de la portada y que contiene la información acerca de nuestro libro y su edición, como por ejemplo:

- Nombre original de la obra.
- Año de registro de los derechos de Autoría
- Año de registro de los derechos de publicación
- Nombre del Autor
- Nombre de la Casa Editorial
- Número de registro ISBN
- Número y año de la edición
- Nombres de otros involucrados como ilustrador, traductor; colaboradores
- Leyenda sobre no hacer uso indebido de la copia.

El formato para esta página difiere según cada libro, aunque en algunos el texto se presenta centrado, lo más común que vemos en la actualidad es el alineado a la izquierda. En ambos formatos podemos notar que, cuando la información de esta página ocupa media página o menos, vemos que este texto se carga hacia la parte inferior de la hoja (Figura 34).

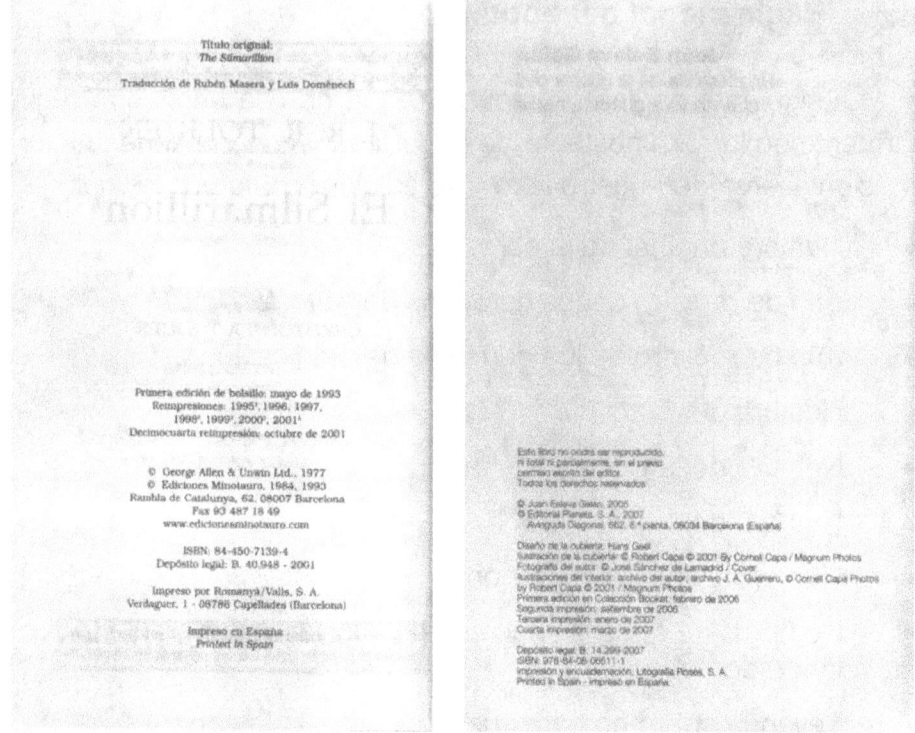

Figura 34.

Es fácil cargar hacia la parte inferior de la página el texto de la página legal en un libro impreso, puesto a que sabemos de manera anticipada el tamaño que ocupa nuestra página. Pero es muy difícil prever el tamaño de la pantalla del dispositivo en el que se va a leer un ebook, ya que puede el tamaño puede variar desde la pantalla de un teléfono celular inteligente hasta una tableta de gran tamaño, pasando por los tamaños intermedios de las tabletas mediana y de los e-readers.

En un ebook optaremos por dejar el texto de la página legal cargado hacia la parte superior, esto con la finalidad de mantener esta información en una sola página. Para el maquetado la mejor opción sería crear un estilo muy similar al «Normal» pero con alineado izquierdo y con espaciado de párrafo en bloques (6 Pto posterior) agrupando la información como nos muestra la Figura 33 en los dos ejemplos.

8.4. Dedicatoria o agradecimientos

Una dedicatoria es una nota breve y personal que escribe el autor en la que dedica su libro, haciendo mención especial, a una o a más personas. Puede ser también a un lugar, a la memoria de una persona fallecida o puede agradecer en esta a alguien, ya sea a algún colaborador por la ayuda brindada cotejando información, a su musa por la inspiración, a su familia por el simple hecho de existir y darle cada día la fortaleza para dar lo mejor de sí, un sinfín de cosas.

Esta nota la puede escribir en verso, en prosa, de manera literal o en un sentido metafórico, no hay una regla, ya que como se mencionó antes, es una nota personal del autor y ni siquiera tiene forzosamente qué guardar una relación de género literario con el del tema central del libro, es decir que, si el libro corresponde a una novela es muy válido que la dedicatoria sea una especie de poesía, o si el libro es de poemas la dedicatoria puede ser completamente literal y en prosa, sin adjetivos metafóricos.

Para configurar este estilo usaremos de base el estilo «Normal» y le haremos unas cuantas modificaciones. El formato típico para una dedicatoria es alineado a la derecha, con tipografía cursiva y en líneas cortas, también le dejaremos un espaciado anterior similar al que le hayamos puesto al título del libro. (Figura 35).

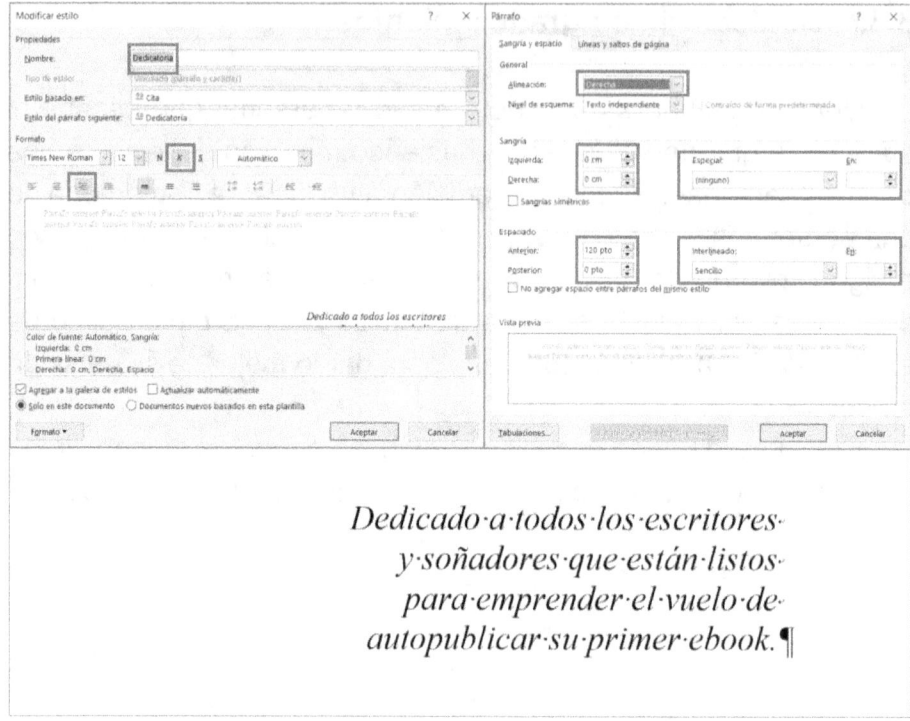

Figura 35.

8.5. Cuerpo del libro

El cuerpo del libro ya lo tenemos configurado, el formato a aplicar corresponde al estilo «Normal» de los párrafos y a los títulos de los capítulos y de los subtemas. Se considera necesario dar un repaso a esta parte del libro en los capítulos 5 y 6 de esta guía.

8.6. Biografía o Acerca del autor

La biografía es una nota acerca del autor del libro, se puede poner al principio del libro o al final, o simplemente no ponerla, ya que no todos los libros cuentan con una biografía del autor. Algunos otros libros aprovechan la biografía para citar una lista de los libros que tiene publicados el autor.

En cuestión de formato, esta página la contemplaríamos como un capítulo más, salvo que se desee agregar una imagen del autor, más adelanta hablaremos de cómo insertar imágenes en un ebook.

8.7. Índice

El índice es la página que nos sirve de directorio para localizar la parte del libro que queremos leer. Si nuestro libro es de cuentos y cada cuento tiene su nombre, entonces sería un listado de los cuentos incluidos y éste nos ayudaría a saber en qué página comienza cada cuento con solo buscar el nombre de cuento.

En los libros de enseñanza como guías, tutoriales y volúmenes de enciclopedias, la existencia de un índice es imprescindible, por la diversidad de temas que podemos encontrar. Aunque si hablamos de novelas, sobre todo en aquellas en donde los capítulos carecen de un nombre, no es necesario ponerlo y podemos en todo caso prescindir de él.

El índice también lo podemos encontrar al comienzo o al final de un libro, en el caso de los libros de ficción, en lo personal me gusta más la sensación de comenzar a leer el primer cuento sin saber con qué me encontraré más adelante, e ir descubriendo uno a uno los títulos por mí mismo. Por lo tanto, es recomendable manejarlo en las novelas o libros de cuentos, que para efectos de un ebook, el índice estará siempre disponible en el menú y lo encontraremos como «Tabla de Contenido».

En el Capítulo 4, que trata acerca de los títulos de Secciones, hablábamos del [índice automático](#) e hicimos una comprobación para ver cómo se nos iba cargando conforme le agregábamos a nuestro libro más capítulos.

Para agregarlo a nuestro libro ya no tendremos que copiar ni redactar los nombres de los capítulos, cuentos o temas. Solo insertaremos a nuestro documento de Word una Tabla de contenido, la cual podemos encontrar en la barra de herramientas Referencias > Tabla de Contenido > Tabla de contenido automática.

En automático nos aparecerá un índice, lo siguiente es crear un estilo nuevo a partir del estilo «Normal», al cual le cambiaremos el estilo y tamaño de fuente tratando de emular el estilo «Título 1», el cual se lo designaremos a la frase Tabla de Contenido o Contenido, esto para que no se nos genere en automático un título referente al índice dentro del mismo y a la vez homologar el diseño del texto del título de nuestra tabla de contenido con respecto a nuestros títulos de capítulos (Figura 36).

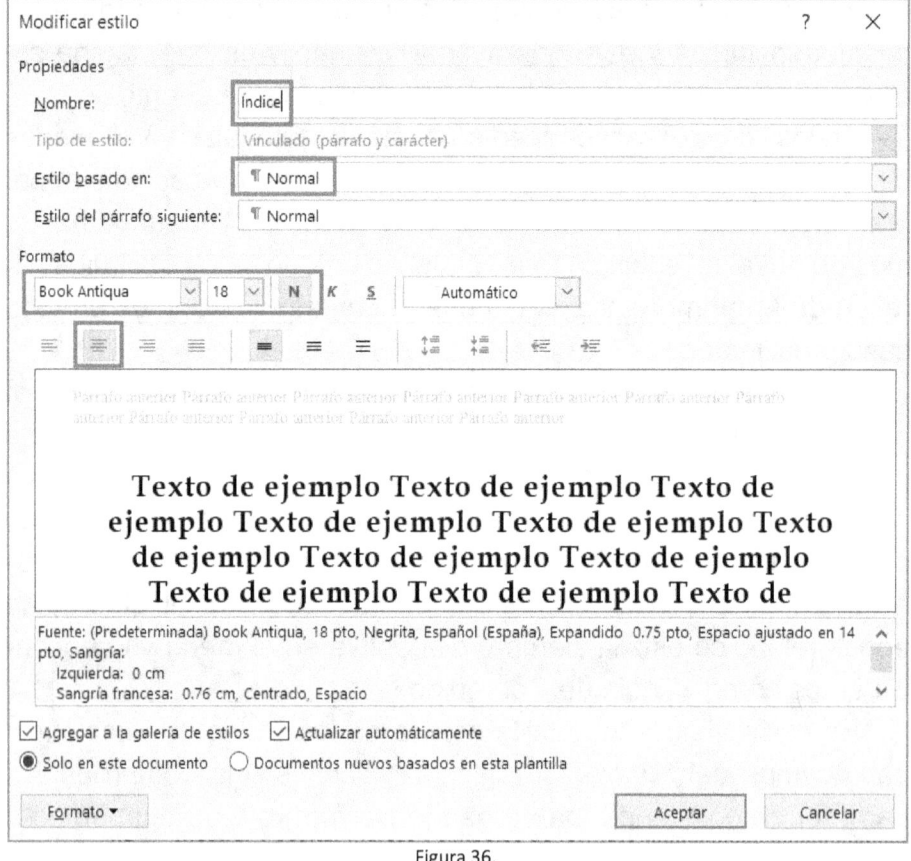

Figura 36.

También lo configuraremos con un espaciamiento menor del que tenemos predefinido en nuestro estilo «Título 1», para aprovechar mejor el espacio de la página y de ser posible nos pueda caber todo el índice en una sola página (Figura 37).

Figura 37.

El resultado es un índice con los nombres de nuestros capítulos y las páginas en donde encontrarlos en nuestro documento de Word (Figura 38).

Índice

1. Introducción 4
2. ¿Qué es un ebook? 6
3. Respaldo y depurado del archivo 12
   - 3.1 Respaldo 12
   - 3.2 Depurado 12
4. Marcas y estilos 15
   - 4.1 Mostrar y ocultar marcas y símbolos de formato ... 16
   - 4.2 Estilos de formato 17
5. Estilo Normal 18
   - 5.1 Tipografía 19
   - 5.2 Color de la fuente 20

Figura 38.

9. Hipervínculos

9.1. Hipervínculos a sitios externos

Los hipervínculos externos al libro electrónico son enlaces que nos pueden dirigir a un sitio web, a un blog, a un video de YouTube o a una tienda en internet, estos se configuran de la siguiente manera: Escribes el texto de lo que deseas que diga el hipervínculo: por ejemplo: «www.vladimirvillarreal.com», lo seleccionas y haces clic en el botón derecho del mouse. Aparecerá un menú como el de la figura 39. Hipervínculo > Archivo o página web existente > Dirección; y en el campo escribimos la dirección URL de la página web a donde queremos que nos lleve el hipervínculo. Es muy importante que siempre vaya escrita la parte que dice «http//:». Para revisar que realmente nos dirige al sitio web que deseamos, debemos dar clic sobre nuestro nuevo hipervínculo mientras presionamos la tecla «Ctrl».

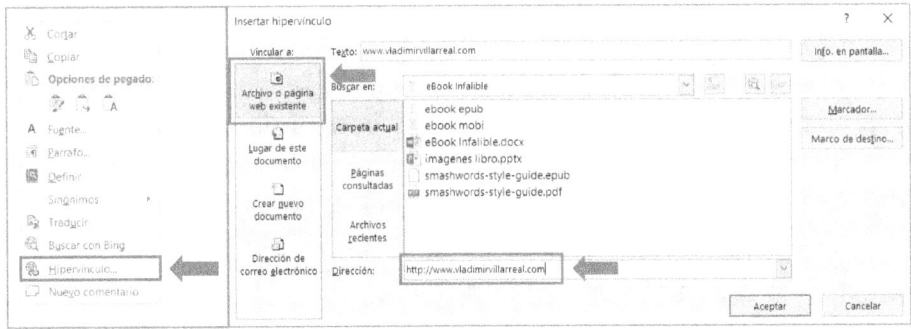

Figura 39.

9.2. Hipervínculos a partes del libro

De la misma manera que un Hipervínculo nos puede dirigir a un sitio externo al ebook, también podemos dirigirnos a partes internas del libro, como por ejemplo a un capítulo en especial, o a una página donde encontremos un tema al que estemos haciendo mención. La manera de configurarlo es muy similar a la del hipervínculo a sitio externo, solo que en esta ocasión debemos seleccionar el botón que dice «Lugar de este documento». Nos aparecerá el índice automático que se nos creó de todos nuestros encabezados, nuestro hipervínculo nos podrá llevar a cualquiera de esos títulos (Figura 40). Para revisar que realmente nos dirige a la parte del libro que deseamos, debemos dar clic sobre nuestro nuevo hipervínculo mientras presionamos la tecla «Ctrl».

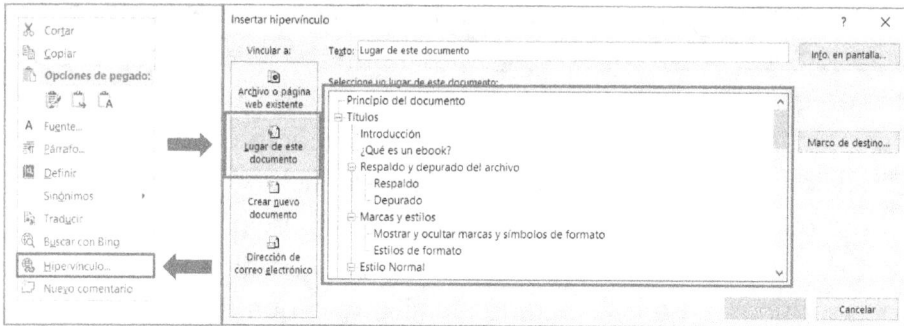

Figura 40.

9.3. Notas de pie de página

Las notas de pie de página son también un tipo de hipervínculo que nos dirigen a una parte del libro, pero a diferencia del hipervínculo que nos dirige a un encabezado del índice, este hipervínculo nos lleva a una nota nueva, escrita especialmente para dicho hipervínculo. Esta nota nos aparecerá en la parte inferior de la página. Para insertar una nota de pie de página solo hay que ir a Referencias > Insertar nota al pie; y escribiremos la nota a la que estemos haciendo referencia (Figura 41).

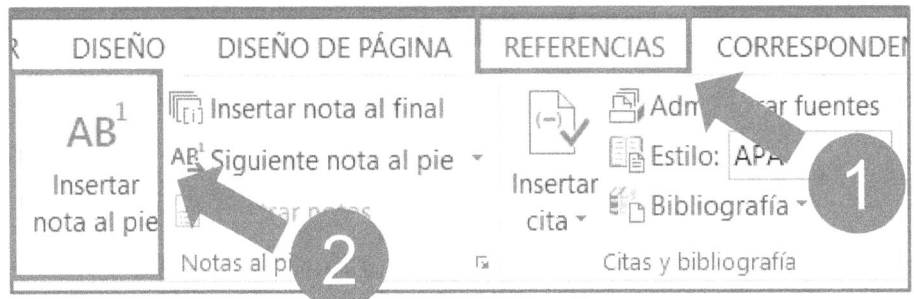

Figura 41.

9.4. Notas al final del libro

Estas mismas notas pueden estar situadas al final de nuestro libro, en un listado, junto con más notas relacionadas con otras páginas del libro, en un libro impreso lo vemos también en la última página. Para insertar una nota al final del libro solo hay que ir a Referencias > Insertar nota al final; y escribiremos la nota a la que estemos haciendo referencia (Figura 42).

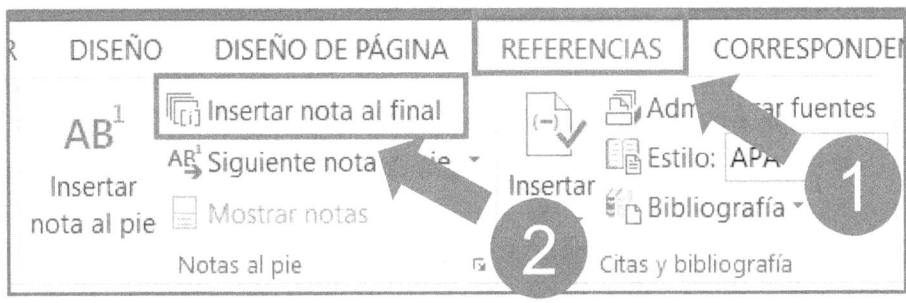

Figura 42.

10. Imágenes

10.1. Imágenes dentro del libro

Para novelas o libros de texto quizás no aplique mucho el tema de la inserción de imágenes, pero para los libros que requieren una mayor cantidad de apoyo gráfico, tal es el caso de los libros infantiles o las guías o manuales de aprendizaje, es necesario saber cómo insertar una imagen y garantizar su visualización en la conversión de nuestro documento de Word a ebook.

Para insertar una imagen en su libro vaya a la opción Insertar > Imágenes; y busque en el directorio el archivo de la imagen en «.jpg» o «.png» que desea insertar. Hay algunas plataformas de ebooks que aceptan solo un tamaño de archivo máximo de 10 MB para nuestro ebook, para esto tendremos que comprimir las imágenes de todo el libro, conservando una resolución aceptable de tal manera que nuestro ebook sea menor a 10 MB, pero que las imágenes sigan siendo legibles. Esto se puede lograr haciendo clic sobre una imagen, y en la barra de herramientas Formato > Comprimir Imágenes; deshabilitar la casilla «Aplicar solo a esta imagen», dejar marcada la casilla «Eliminar las áreas recortadas de las imágenes» y escoger 96 ppi entre las tres opciones de resolución que aparecen con la unidad «ppi» (pixels per inch / píxeles por pulgada) (Figura 43).

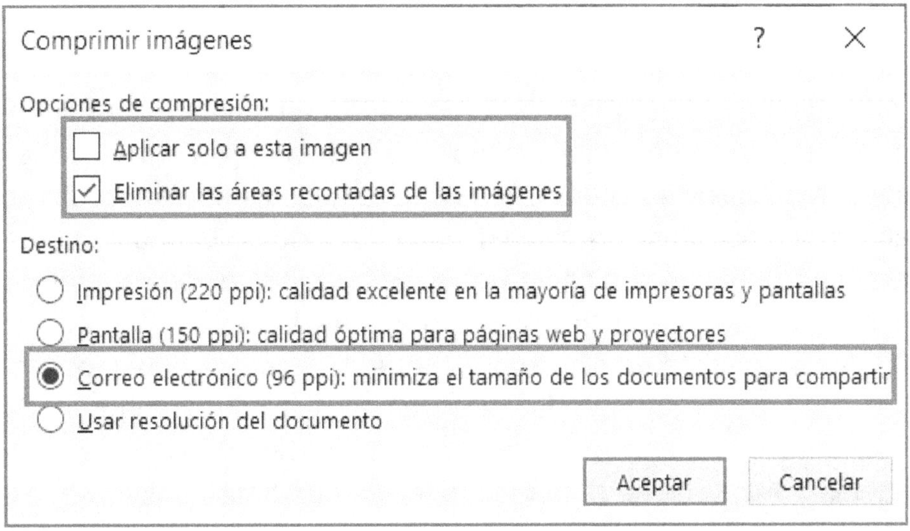

Figura 43.

10.2. Insertar tablas

Para insertar tablas de Excel y garantizar que estas no se nos deformen al momento de que el lector pudiera cambiar el tamaño de la fuente, la insertaremos como imagen, para esto seleccionamos la tabla de Excel que deseamos agregar a nuestro ebook, la copiamos con «Ctrl C» y la pegamos en nuestro documento de Word, pero no debemos solamente pegarla con «Ctrl V», sino que debemos hacerlo por medio de la opción de «Pegado especial» (Alt + Ctrl + G), y seleccionar la opción de «imagen (metarchivo mejorado)» (Figura 44).

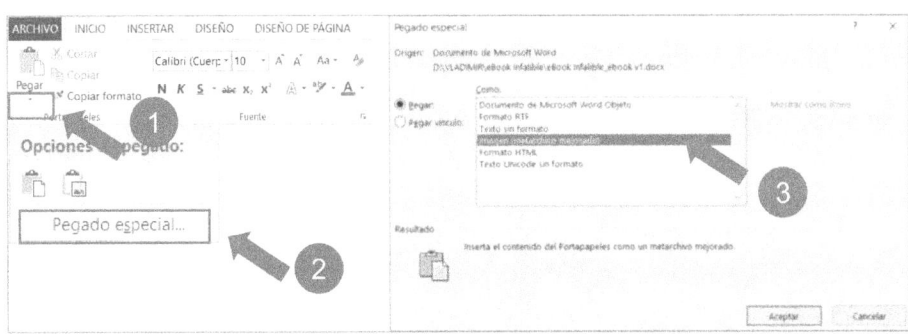

Figura 44.

10.3. Imagen de Portada

La imagen de la portada no se inserta en el interior del documento de Word de nuestro ebook, ya que las plataformas de las tiendas de libros que convierten nuestro documento de Word a un ebook nos solicitan el archivo de la imagen de portada por aparte, éste se adjunta en otro campo de la misma manera que estaríamos anexando cualquier archivo a un correo electrónico.

Aunque exista un dicho común que dice que no debemos juzgar un libro por su portada, recordemos que una buena portada será también un anzuelo para atraer la atención de algunos internautas y hará que se detengan a ver de qué trata nuestro ebook, otra parte fundamental es la sinopsis.

Existen múltiples herramientas de diseño gráfico o de edición y retoque fotográfico que nos pueden facilitar la tarea de elaborar una portada para nuestro libro, desde el sofisticado Adobe Photoshop, que es un programa profesional que incluye comandos para realizar cualquier efecto deseado, hasta algunas aplicaciones gratuitas.

Canva es un programa gratuito con una interfaz de usuario muy intuitiva que podemos aprender a usar de manera muy sencilla y rápida, incluye plantillas con una diversidad de modelos de portadas de libros muy vasta. Para personas que no tienen buen dominio de programas computacionales profesionales, ésta sería la mejor opción. Pero si de plano el diseño de portadas no es lo tuyo siempre estará la opción de acudir con un diseñador gráfico (Figura 45).

Figura 45.

11. Tabla de Contenido (TOC)

11.1. Tabla de contenido en Amazon Kindle

Si ya hemos llegado hasta aquí, habiendo puesto la tabla de contenido según los pasos de la colocación del Índice del Capítulo 6 y nuestra tienda que teníamos como meta es Amazon Kindle solamente, entonces déjame felicitarte puesto a que ya tienes terminada la maqueta de tu ebook, ya que este es el tipo de índice que la plataforma de Amazon convierte en una tabla de contenido (TOC) compatible con la aplicación que reproducirá el archivo «.mobi», así que ya podríamos comenzar a hacer pruebas de visualización en la página de Kindle Direct Publishing.

11.2. Tabla de contenido en Smashwords

Pero si queremos subir nuestro libro a la venta en la tienda Smahwords, tendríamos que prescindir del índice que tenemos y crear uno nuevo con base en hipervínculos a partes del libro. No es necesario precipitarnos a eliminar el que ya tenemos, puesto a que lo necesitaremos para crear nuestra tabla de contenido.

El siguiente paso será seleccionar todo el texto que tenemos en nuestra tabla de contenido y copiarlo con las teclas «Ctrl+C». Abriremos nuevamente un bloc de notas y pegaremos ahí nuestro índice (Figura 46).

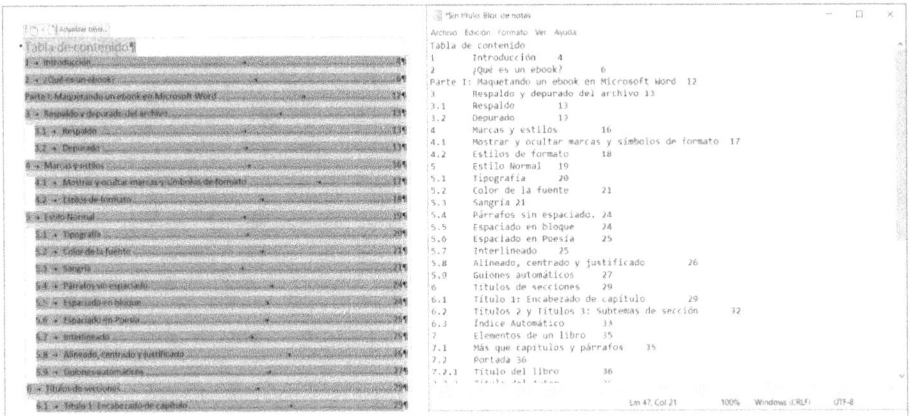

Seleccionar y Copiar Tabla de contenido
(Ctrl+C)

Pegar Tabla de contenido en bloc de notas
(Ctrl+V)

Figura 46.

Una vez que nuestro índice carece de formato, nos lo traeremos de regreso al documento de Word y lo pegaremos como estilo «Normal». A simple vista lucirá igual al índice automático que teníamos. Esta vez asegurémonos de quitarle los números de página, para que quede un listado.

Ya teniendo nuestro listado comencemos a enlazar con hipervínculos cada título del listado con el encabezado del capítulo que corresponda, esto es un trabajo meramente manual que implica cierta laboriosidad, haremos un hipervínculo a la vez hasta tener terminado nuestro índice de hipervínculos.

Por último, hagamos una prueba para confirmar que cada hipervínculo nos lleva a su capítulo correcto dando «Ctrl + clic botón izquierdo» encima de cada hipervínculo (Figura 47).

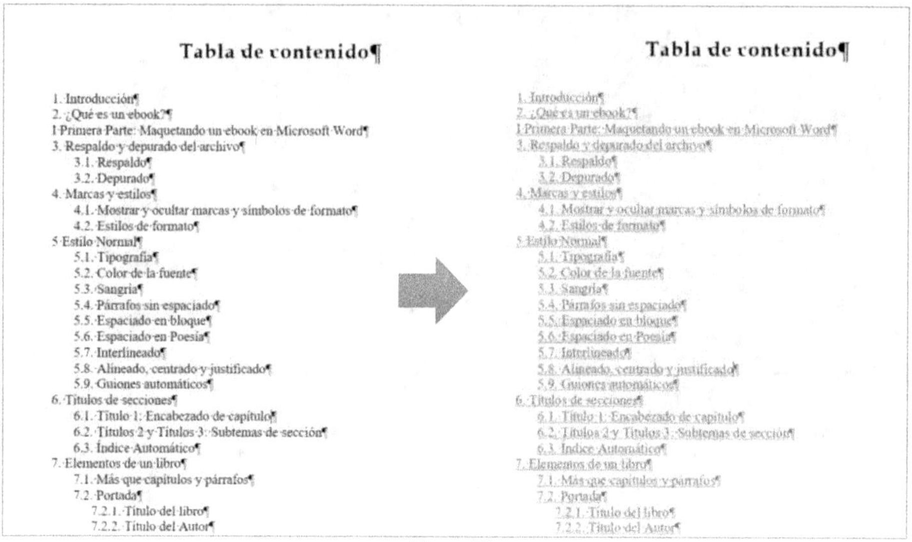

Tabla de contenido¶

1. Introducción¶
2. ¿Qué es un ebook?¶
I Primera Parte: Maquetando un ebook en Microsoft Word¶
3. Respaldo y depurado del archivo¶
  3.1. Respaldo¶
  3.2. Depurado¶
4. Marcas y estilos¶
  4.1. Mostrar y ocultar marcas y símbolos de formato¶
  4.2. Estilos de formato¶
5 Estilo Normal¶
  5.1. Tipografía¶
  5.2. Color de la fuente¶
  5.3. Sangría¶
  5.4. Párrafos sin espaciado¶
  5.5. Espaciado en bloque¶
  5.6. Espaciado en Poesía¶
  5.7. Interlineado¶
  5.8. Alineado, centrado y justificado¶
  5.9. Guiones automáticos¶
6. Títulos de secciones¶
  6.1. Título 1: Encabezado de capítulo¶
  6.2. Títulos 2 y Títulos 3: Subtemas de sección¶
  6.3. Índice Automático¶
7. Elementos de un libro¶
  7.1. Más que capítulos y párrafos¶
  7.2. Portada¶
    7.2.1. Título del libro¶
    7.2.2. Título del Autor¶

Tabla de contenido¶

1. Introducción¶
2. ¿Qué es un ebook?¶
I Primera Parte: Maquetando un ebook en Microsoft Word¶
3. Respaldo y depurado del archivo¶
  3.1. Respaldo¶
  3.2. Depurado¶
4. Marcas y estilos¶
  4.1. Mostrar y ocultar marcas y símbolos de formato¶
  4.2. Estilos de formato¶
5 Estilo Normal¶
  5.1. Tipografía¶
  5.2. Color de la fuente¶
  5.3. Sangría¶
  5.4. Párrafos sin espaciado¶
  5.5. Espaciado en bloque¶
  5.6. Espaciado en Poesía¶
  5.7. Interlineado¶
  5.8. Alineado, centrado y justificado¶
  5.9. Guiones automáticos¶
6. Títulos de secciones¶
  6.1. Título 1: Encabezado de capítulo¶
  6.2. Títulos 2 y Títulos 3: Subtemas de sección¶
  6.3. Índice Automático¶
7. Elementos de un libro¶
  7.1. Más que capítulos y párrafos¶
  7.2. Portada¶
    7.2.1. Título del libro¶
    7.2.2. Título del Autor¶

Figura 47.

12. Subiendo un ebook a Amazon Kindle

12.1. Abrir cuenta KDP

Kindle Direct Publishing (KDP) es la plataforma de Amazon para autopublicar de manera gratuita ebooks y libros impresos en papel con tapa blanda y poder llegar a millones de lectores de todo el mundo.

Si bien, la finalidad de esta guía es la de dar las bases para poder maquetar un ebook profesional, en este capítulo se explica de manera general cómo publicar el ebook en una plataforma en particular, que es Amazon Kindle.

Lo primero que debemos hacer es abrir una cuenta en Kindle Direct Publishing (KDP), los pasos a seguir son muy parecidos que los pasos que se siguen para abrir una cuenta de correo electrónico o una cuenta en una red social. No profundizaremos en este apartado, ya que se trata solamente de llenar los campos que el formato solicita con información personal (Figura 48).

Figura 48.

12.2. Página principal KDP

Una vez que hayamos creado nuestra cuenta de Kindle Direct Publishing nos aparecerá la página principal, la cual muestra las cuatro pestañas que conforman la plataforma:

- Biblioteca
- Informes
- Comunidad
- KDP Select.

12.3. Biblioteca KDP

La Biblioteca de KDP es el apartado donde subiremos nuestros libros, ahí se verá una imagen previa en miniatura de la portada de cada uno de los libros que conforman nuestro catálogo, los que tenemos a la venta y los que tenemos todavía en borrador, aquí mismo podremos cargar nuestras maquetas de libros nuevos en ebook y nuestras maquetas de libros para impresión en papel, asimismo editar sus cambios.

Dentro de la plataforma KDP existen herramientas que nos ayudan a crear nuestro ebook o nuestro libro versión tapa blanda, además de plantillas y recomendaciones.

Para cargar nuestro ebook haremos clic en el botón que dice «+ ebook Kindle» (Figura 49).

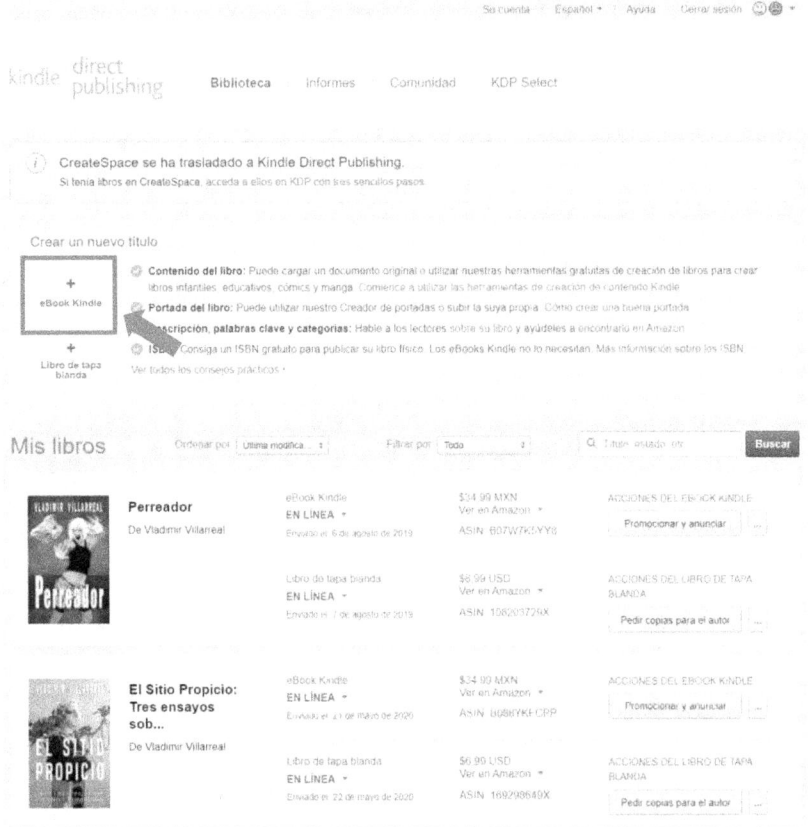

Figura 49.

Nos aparecerá un formato de llenado de «Detalles del ebook Kindle», en ese apartado iremos completando los campos con los datos de nuestro libro: Idioma, título del libro, serie, número de edición (recomiendo dejar en blanco), autor, colaboradores, descripción, categoría y otros datos (Figura 50).

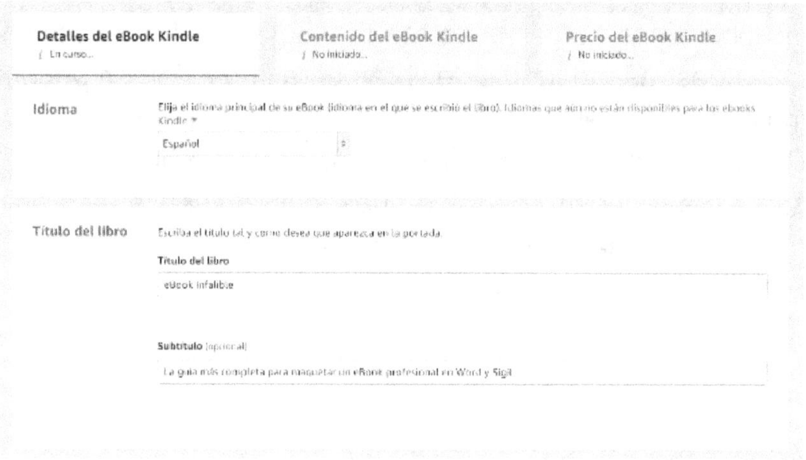

Figura 50.

Habiendo llenado los datos del libro, podemos guardar y continuar a la siguiente pestaña, «Contenido del ebook Kindle», aquí es donde subiremos nuestro documento de Word previamente maquetado con el método descrito en los capítulos anteriores (Figura 51).

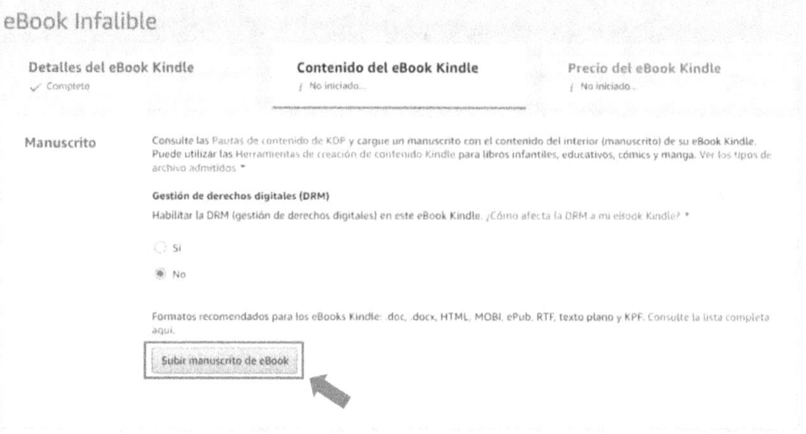

Figura 51.

Después de subir el Archivo de Word subiremos la imagen de la portada. Para el ejemplo que se muestra en la imagen usaré una portada elaborada en un software de diseño gráfico (Adobe Photoshop) en un tamaño de 6" x 9", con una resolución de 350 ppi o ppp (pixels per inch o píxeles por pulgada). Si no tenemos una imagen de portada podemos apoyarnos con la herramienta de «Creador de portada» que incluye la Biblioteca KDP, la cual trae un menú muy variado de plantillas con imágenes predefinidas a las cuales se les puede cambiar también la imagen de fondo para personalizar más nuestra portada (Figura 52).

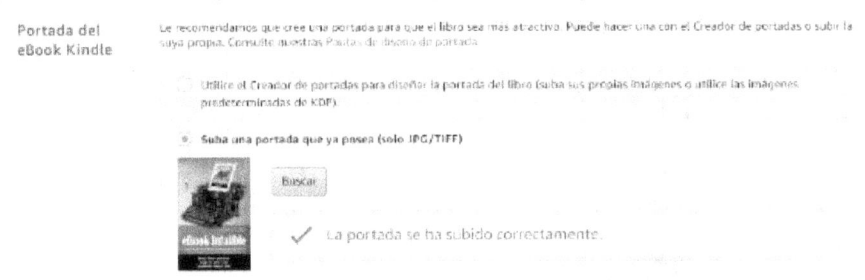

Figura 52.

La plataforma de Kindle Direct Publishing se encargará de convertir nuestro documento de Word y nuestra imagen de portada en un ebook descargable desde la tienda Amazon Kindle en la tienda incluida en los e-readers Kindle o en la App Kindle para Androd e iOS. Pero antes de continuar con el proceso siguiente, que sería ponerle un precio a nuestro ebook, debemos revisar con el «Previewer» qué tal lucirá nuestro maquetado en los distintos dispositivos: Tablet, teléfono o e-reader Kindle.

El programa de previsualización incluido nos ayudará a realizar las pruebas necesarias, simulando que estamos leyendo nuestro libro en dispositivos con distintos tamaños de pantalla con la opción de cambiar de tamaño y de fuente, además de poder navegar entre capítulos con la tabla de contenido interactiva para poder comprobar que el toque en cada capítulo del índice nos dirige automáticamente al encabezado de dicho capítulo en el cuerpo del texto (Figura 53).

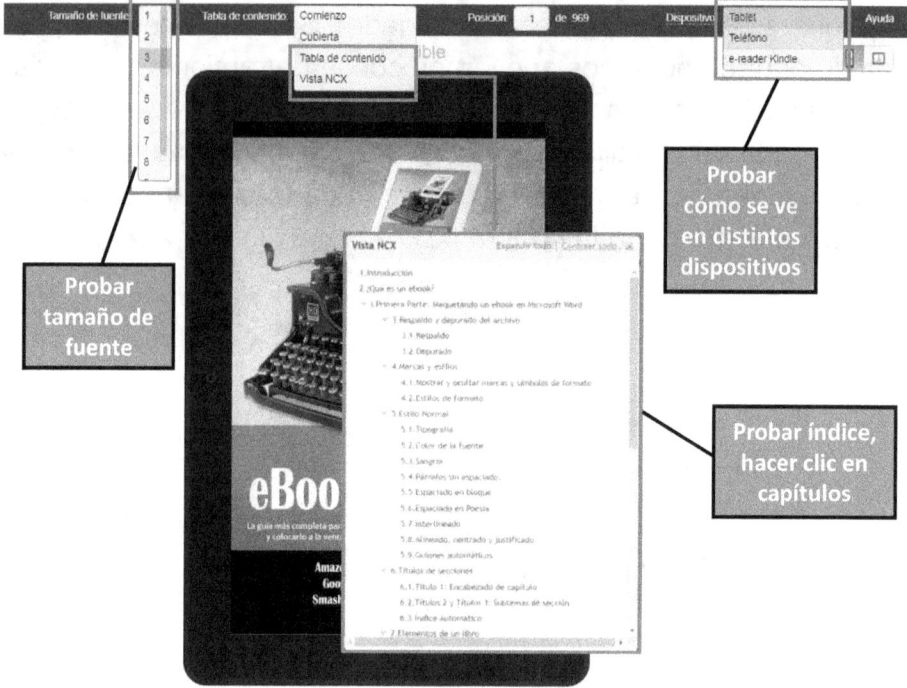

Figura 53.

A continuación enlisto una serie de pruebas que podemos realizar antes de aprobar la carga de nuestro ebook en la plataforma KDP, esto con la finalidad de asegurarnos de que el producto que pondremos a la venta tiene la calidad que amerita toda publicación literaria:

- Carga de contenido completo
- Visualización en distintos dispositivos
- Salto de página de manera manual
- Búsqueda de capítulos desde el índice
- Tamaño de fuente en párrafos y encabezados
- Visualización de todas las imágenes

- Proporción de imágenes y textos
- Carga de contenido completo
- Que contenga la imagen de portada
- Entre otras pruebas que creamos necesarias

Sabemos de antemano que hay diversos tamaños de *tablets* y que no todos se incluyen en el *previsualizador*, lo mismo para con los teléfonos celulares y los distintos modelos que existen de los e-readers Kindle, aun así estas pruebas nos ayudan a tener una idea más clara del resultado de nuestro trabajo de maquetado y en caso de ser necesario podremos acudir cuantas veces queramos a editar de nuevo en nuestro documento de Word original, para modificar algunos tamaños de textos, espaciamientos entre títulos, justificados y más (Figura 54).

Figura 54.

Una vez que hayamos aprobado la imagen previa de nuestro ebook podemos hacer clic en «Guardar y continuar», para después realizar el proceso de la tercera pestaña, «Precio del ebook Kindle», que corresponde a, como su nombre lo indica, ponerle a nuestro producto el precio que consideremos justo y, acto seguido, publicarlo.

12.4. Kindle Previewer 3

Adicional a las pruebas realizadas en el *Previsualizador* o «Previewer» de la plataforma en línea, también podemos realizar estas mismas pruebas de visualización sin necesidad de estar conectados al internet en la plataforma de KDP, esto desde nuestra PC. Para eso debemos descargar el programa Kindle Previewer e instalarlo en nuestra PC (Figura 55).

La función de este programa es la misma que la del visualizador en línea. Una vez que hayamos aprobado la imagen previa de nuestro ebook podríamos cargarlo en la biblioteca.

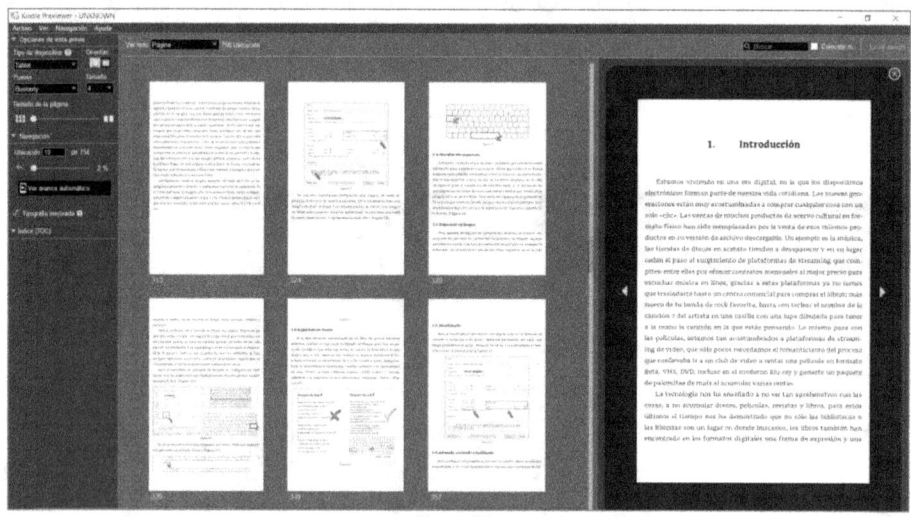

Figura 55.

12.5. Kindle Create

Otra alternativa de edición de ebooks para subir a Amazon un archivo 100% compatible con la plataforma es Kindle Create. Si tu ebook será un libro de ficción con formato sencillo, como lo es una novela o un libro de cuentos, Kindle Create es una buena opción para maquetar tu libro, es un programa muy intuitivo en el que, con los conocimientos sobre maquetación que hemos estado repasando a lo largo de los capítulos anteriores, podrás emplear los estilos predefinidos. Hay que aclarar que no cuenta con la cantidad de estilos que tiene Word, y no se pueden agregar más estilos adicionales a los que ya están incluidos, pero como lo comenté anteriormente, para libros de ficción de formato sencillo funciona genial.

Lo único que tienes que hacer es descargar de la página de Kindle Direct Publishing el programa Kindle Create. Ya instalado el programa debemos cargar el archivo de Word, de preferencia previamente maquetado, ya que el programa reconoce los títulos y los agrega de manera automática a una tabla de contenido (TOC).

Debemos revisar y corregir el formato una vez que convertimos nuestro archivo a Kindle Create, ya que se puede modificar un poco el formato que ya teníamos al pasar de un programa a otro (Figura 56).

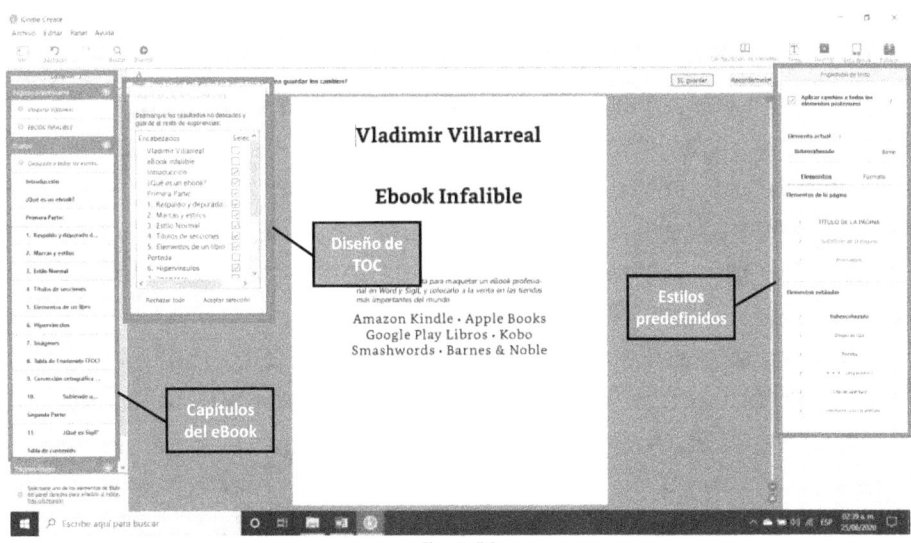

Figura 56.

13. Subiendo un ebook a Smashwords

La plataforma de distribución de Smashwords es el mejor contacto que puedes tener para que tu ebook pueda llegar a más tiendas digitales, en las que se encuentran las librerías de libros más famosas, para darnos una idea citaremos solo las tiendas más importantes: Kobo, Barnes & Noble y la tienda de ebooks de Apple y la tienda de libros digitales de Gandhi, en las que los subscriptores a estas tiendas podrán comprar de manera directa tu ebook. Además de la tienda de Smashwords, la ventaja de esta última es que en esta puedes descargar los ebooks en cualquiera de los formatos en los que la plataforma te convierte tu ebook, que son: PDF, ePub, Mobi, Txt, incluso un formato para las agendas Palm, que fueron muy populares en los primeros años del siglo XXI.

De la misma forma que hicimos en Amazon KDP, para poder subir nuestro ebook a Smashwords primero debemos crear una cuenta de autor en la página web www.smashwords.com, en la que nos aparecerá como página principal un catálogo de libros en venta, con algunos menús para navegar entre las diferentes opciones que ofrece esta página.

La página web de Smashwords está en idioma inglés, aunque el navegador Chrome de Google nos ofrece una buena traducción al español de esta página, en la siguiente imagen se muestra cómo luce la página principal de Smashwords, para crear nuestra cuenta nos dirigiremos al apartado registrarse. (Figura 57).

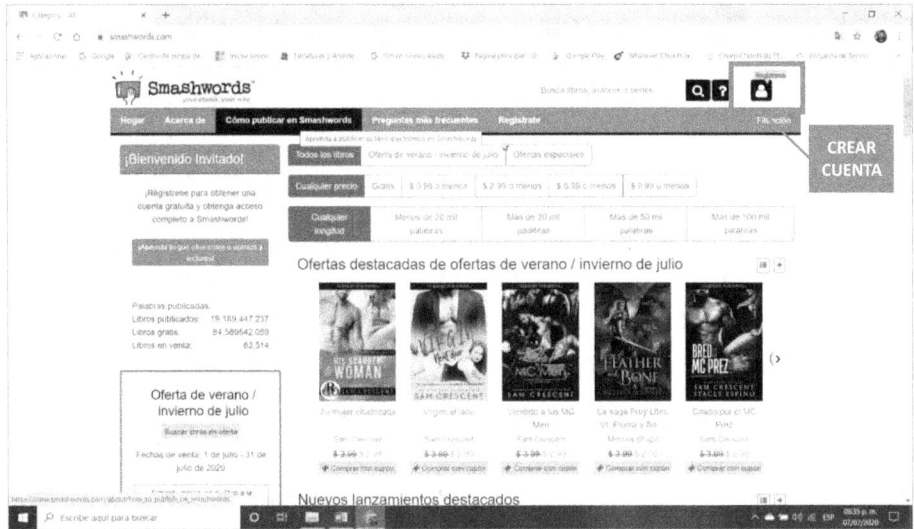
Figura 57.

Ya que tengamos creada nuestra cuenta podremos cargar nuestro libro que creamos siguiendo los pasos de esta guía, recordemos que había una diferencia entre nuestra maqueta para ebook en Word de Amazon y la maqueta de Smashwords, y esto era la tabla de contenido (TOC), esto lo explicamos en el Capítulo 8, en donde decíamos que la tabla de contenido para Smashwords está elaborada con base en hipervínculos hacia partes del libro. Dando por hecho que nuestro libro ya tiene una tabla de contenido hecha con hipervínculos, siguiendo los pasos del Capítulo 8, nos pasaremos directo a la pestaña Publish, en la cual cargaremos nuestro ebook.

La pastaña Publish se debe utilizar solamente para cargar nuevos proyectos, los pasos a seguir son muy similares a los que se siguen en KDP. En Publish llenaremos todos los datos relacionados con nuestra obra: Título, etiquetas, precio, cargaremos el archivo de Word y la portada por separado, de la misma manera en la que lo hicimos en KDP.

La distribución en tiendas externas a Smashwords está condicionada a la calidad de maquetación y funcionamiento de nuestro ebook, esto quiere decir que si nosotros deseamos que nuestro ebook se encuentre disponible para su venta en Apple, Kobo, Barnes & Noble y otras tiendas, nuestro ebook debe pasar la prueba para ser incluído en el Catálogo Premium. No hay que preocuparnos por esto, ya que este tutorial está diseñado para que siguiendo los pasos de maquetación que aquí ya vimos en los capítulos anteriores, nuestro libro pasará la prueba de revisión y será incluído en dicho catálogo sin mayor problema.

A diferencia del previsualizador en línea que nos ofrece Amazon, en esta plataforma la única manera que tenemos de probar cómo se ha cargado nuestro libro es descargando el ebook que Smashwords nos convierte a ePub y probarlo con alguna de las muchas aplicaciones que nos encontramos en la Play Store para reproducción de libros en ePub.

Como dijimos anteriormente, el apartado Publish es solamente para cargar proyectos nuevos, si lo que deseamos es modificar nuestro archivo cargando una nueva versión de éste, el apartado o la pestaña a la que nos debemos dirigir es la de Dashboard, que en Smashwords es el equivalente a la pestaña de Biblioteca de Kindle Direct Publishing, la diferencia radica en que no luce igual de estética y pudiera resultarnos a simple vista un poco anticuada, pero para efectos de lo que podemos gestionar de nuestro ebook desde ahí, es casi lo mismo (Figura 58).

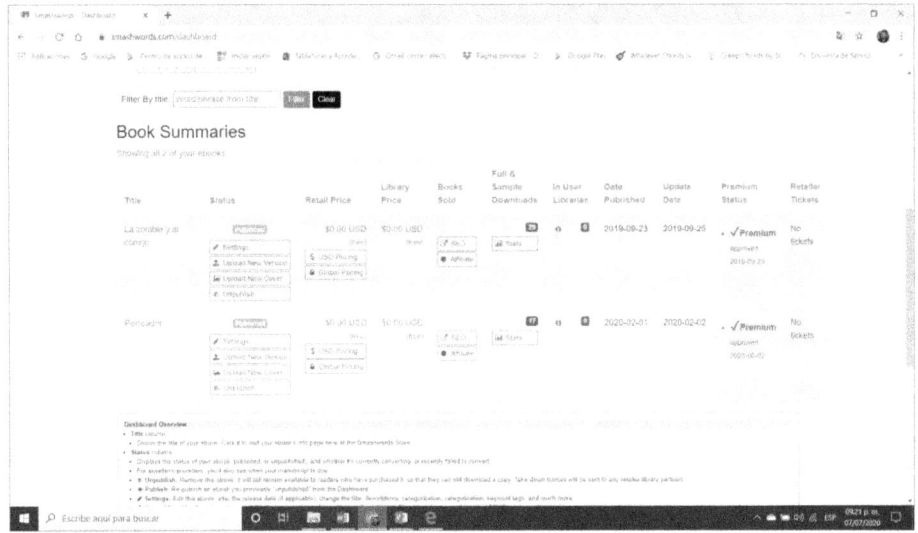

Figura 58.

Si has llegado hasta aquí y tu libro ha sido aceptado para el catálogo Premium de Smashwords, permíteme felicitarte, ya eres un escritor autopublicado que tiene su libro a la venta o para descarga gratuita en las mejores tiendas de libros digitales.

Segunda Parte:

Maquetando un ebook de formato ePub con Sigil

14. ¿Qué es Sigil?

Sigil es un programa de descarga gratuita para creación y edición de libros electrónicos en formato ePub. Se instala en los diferentes sistemas operativos más utilizados como son Windows, Mac y Linux. Lanzado en el 2009, es un programa que se ha ido popularizando de tal manera que a la fecha se ha convertido en la herramienta más utilizada para la creación de ebooks.

La interfaz que incluye el programa tiene algunas herramientas parecidas a las de los procesadores de texto conocidos, pero la forma de trabajar demanda de un poco de conocimiento en códigos HTML, similares a los que se usan en programación. Por lo mismo, la aplicación nos muestra el contenido de nuestro libro en diversas ventanas o sub pantallas. Tenemos una ventana en la que nuestro texto aparece acompañado de los códigos HTML que mandan llamar a la edición deseada y en otra ventana podemos ver la «Vista previa» de nuestro texto tal como se mostraría en un reproductor de libros electrónicos, ya limpio de estos códigos antes mencionados.

El programa puede habilitar la vista de varias ventanas, aunque para no saturar la pantalla de tanta información se recomienda mantener de fijo el uso de tres ventanas solamente, además de las dos ventanas que mencionamos, necesitamos contemplar tener siempre habilitada la ventana de «Explorador del libro», que son los archivos internos que conforman el ebook. Quedándonos así: Explorador del libro, ventana de códigos HTML y Vista previa. Las demás ventanas las iremos abriendo conforme las necesitemos (Figura 59).

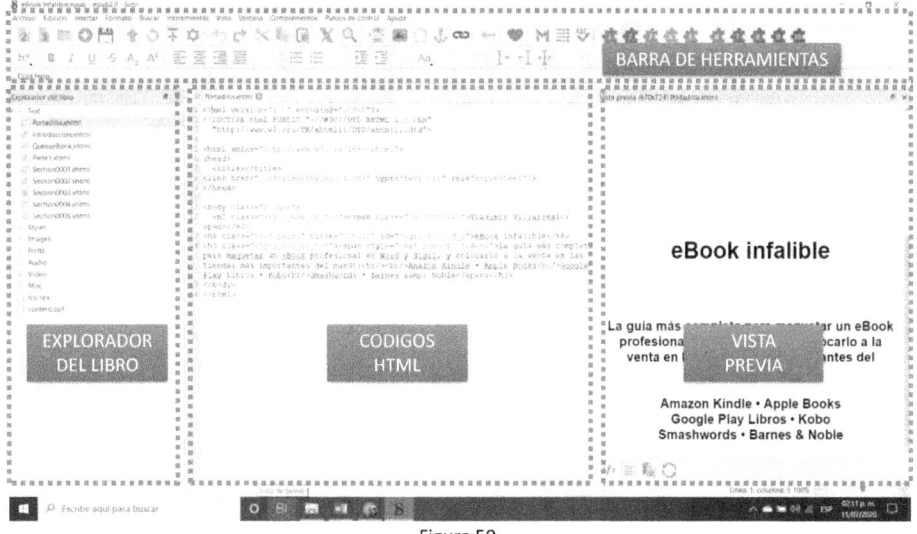

Figura 59.

A diferencia de las plataformas mencionadas en la primera parte, Amazon y Smashwords, en las que no tuvimos que crear un ebook, sino que maquetamos nuestro libro en un archivo de Word que posteriormente el programa convierte a ebook, ya sea para uso exclusivo de su aplicación (en el caso de Kindle) o para descarga del archivo en distintos formatos (en el caso de Smashwords), Sigil nos permite crear un archivo de un formato propio de un ebook, el archivo que resulta de esta creación está en formato ePub, por lo que podemos disponer de nuestro libro de la manera más libre posible, compartirlo por email, alojarlo en una nube y proporcionarlo a quien sea en una liga de descarga, este archivo lo podemos gestionar desde un administrador de archivos cualquiera y transferirlo de un dispositivo a otro mediante un cable USB o por Blutooth, pero sin publicación alguna. Por lo que, aunque lográramos crear un archivo ePub de calidad y funcionamiento perfecto, siempre será mejor subirlo a una tienda como las dos antes mencionadas.

Se estarán preguntando, ¿Qué caso tiene crear un libro en formato ePub? El formato ePub es considerado el formato universal de los ebooks, y a pesar de que en Amazon y en Smashwords no es tan necesario subir un libro en este formato, sí lo es para otras tiendas de libros digitales como Google Play Libros, entre otras.

Así que si deseamos ampliar la distribución de libros a otras tiendas nunca estará de más contar con un archivo de nuestro libro al que sí le podamos llamar ebook, y no solamente contar con un archivo en formato «.doc» maquetado en Word, al que las plataformas de terceros conviertan en ebook para uso exclusivo de sus dispositivos o aplicaciones.

15. Descarga e instalación

15.1. Descarga

Al momento de esta publicación, la versión más reciente de la aplicación Sigil es la versión 1.9.2, esta versión la podemos descargar, tanto para Windows como para Mac, de la página principal de descargas de Sigil, en la siguiente liga (Figura 60):

https://sigil-ebook.com/sigil/download/

(link de descarga)

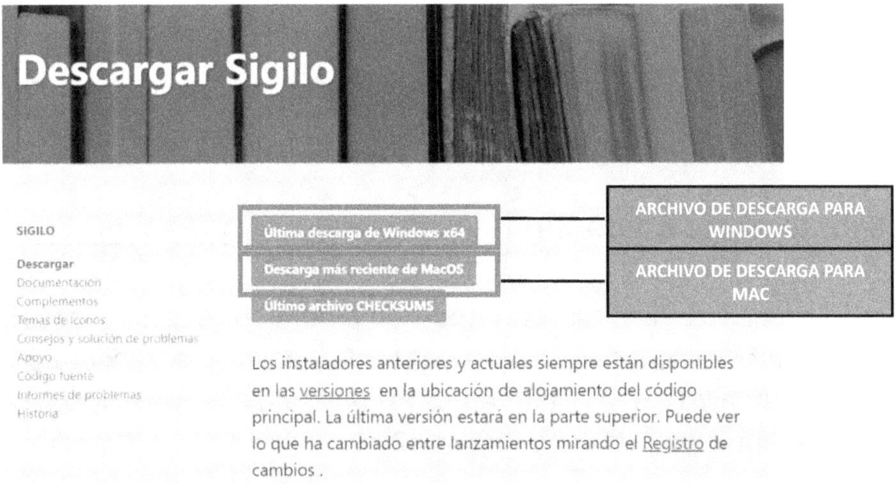

Figura 60.

Adicional al archivo de descarga de la aplicación, necesitamos descargar otro programa que sirve de editor externo, que será el que nos facilite la edición de nuestro texto en un modo más parecido al que ya dominamos en un procesador de textos. Este programa se llama PageEdit y la versión a descargar tiene que ser la correspondiente a la de nuestra aplicación Sigil-1.9.2, la cual sería PageEdit-1.7.0, la cual descargaremos de la siguiente liga (Figura 61):

https://sigil-ebook.com/pageedit/

(link de descarga)

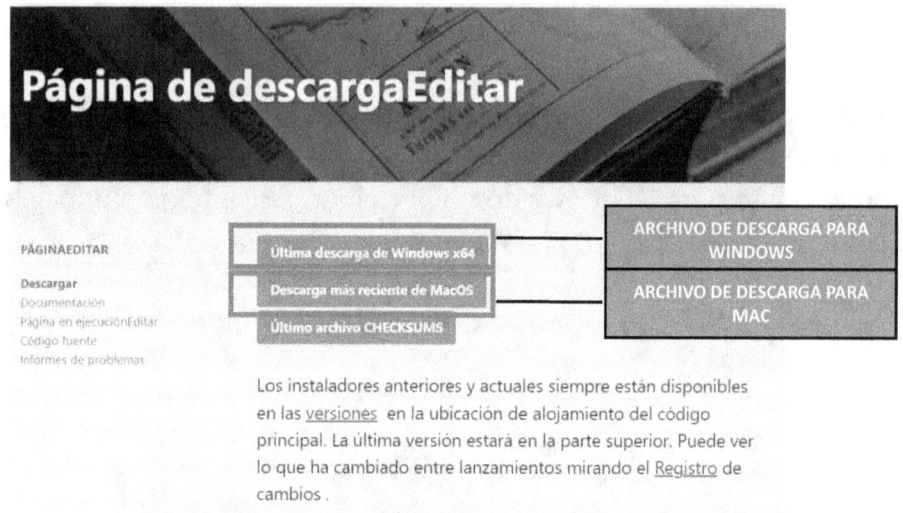

Figura 61.

15.2. Instalación de Sigil

El archivo de instalación lo podremos encontrar en la carpeta de descarga de nuestro explorador de Windows. Hacemos doble clic en el archivo «.exe», marcamos la casilla de aceptar y hacemos clic en «Siguiente» (Next). (Figura 62).

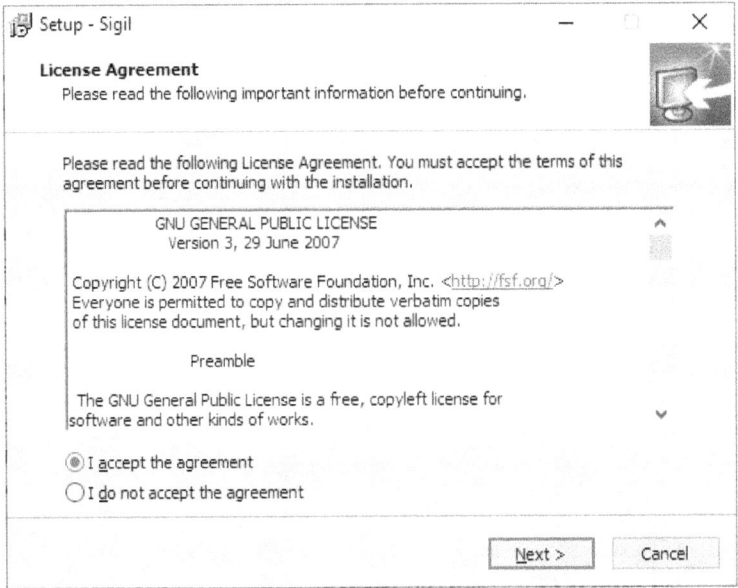
Figura 62.

Si deseamos instalar el programa en una carpeta distinta a la que se nos presenta el cuadro como predefinida (C:\Program Files\Sigil), debemos dar clic en el botón de «Buscar» (Browse), o simplemente damos clic en Next (Figura 63).

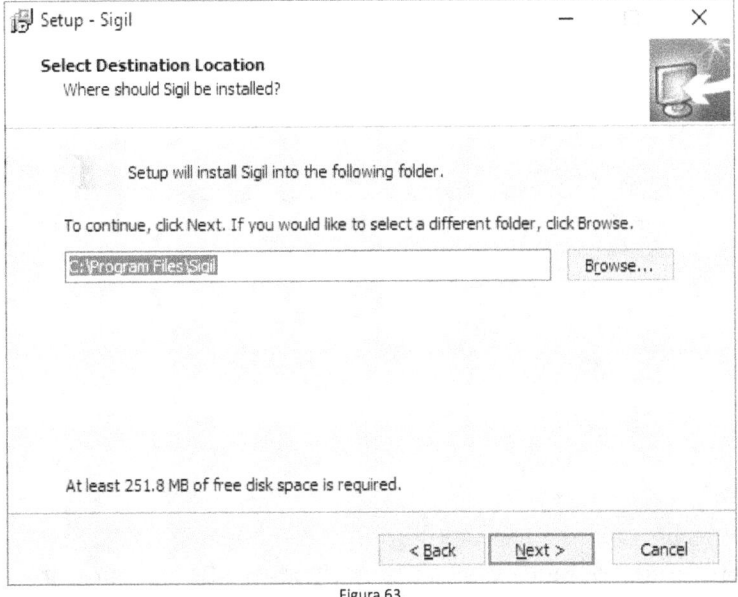
Figura 63.

99

Lo mismo haremos en las siguientes ventanas que se nos presenten (Figuras 64 y 65):

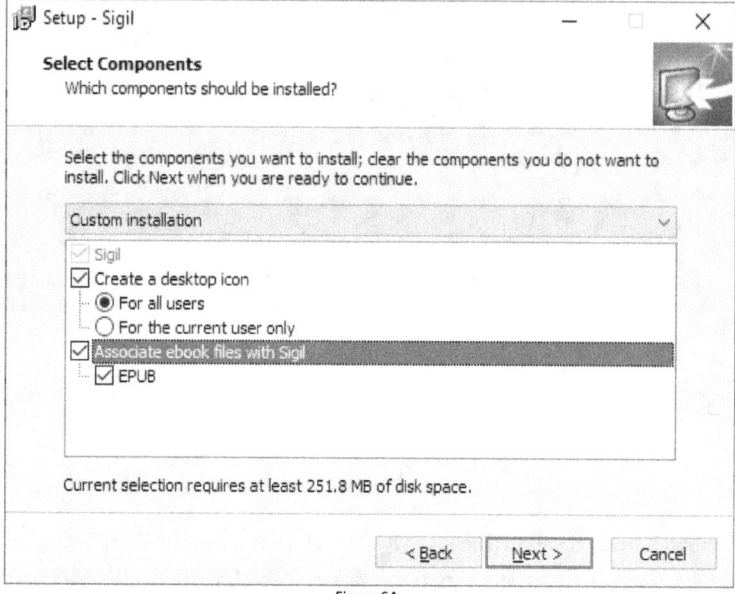

Figura 64.

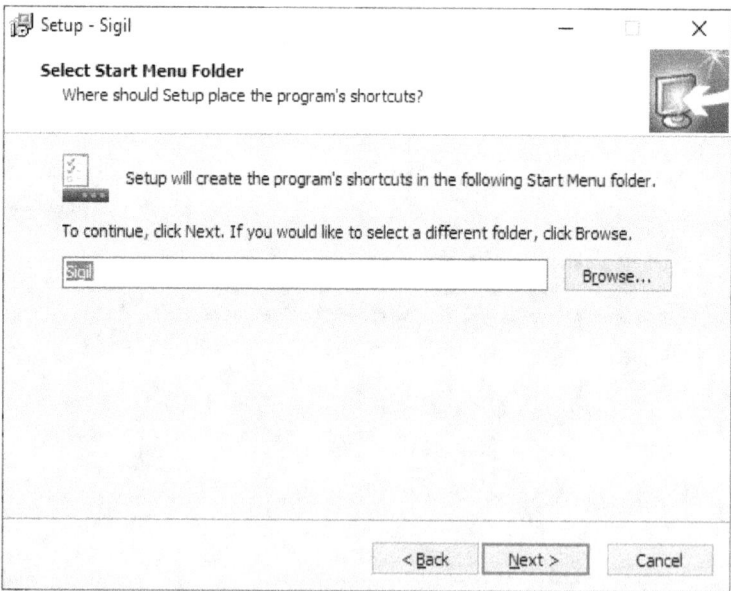

Figura 65.

Ya una vez seleccionadas las características anteriores podemos instalar Sigil (Figura 66).

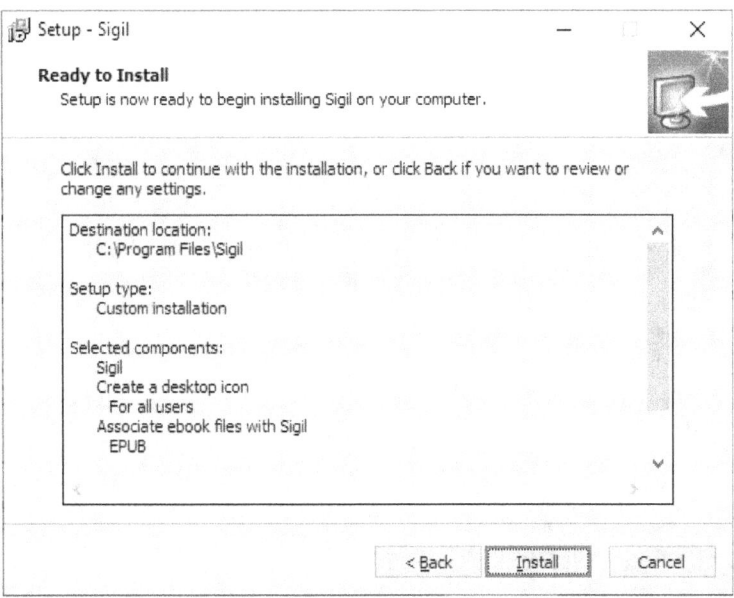
Figura 66.

Esperamos a que se instale el programa (Figura 67).

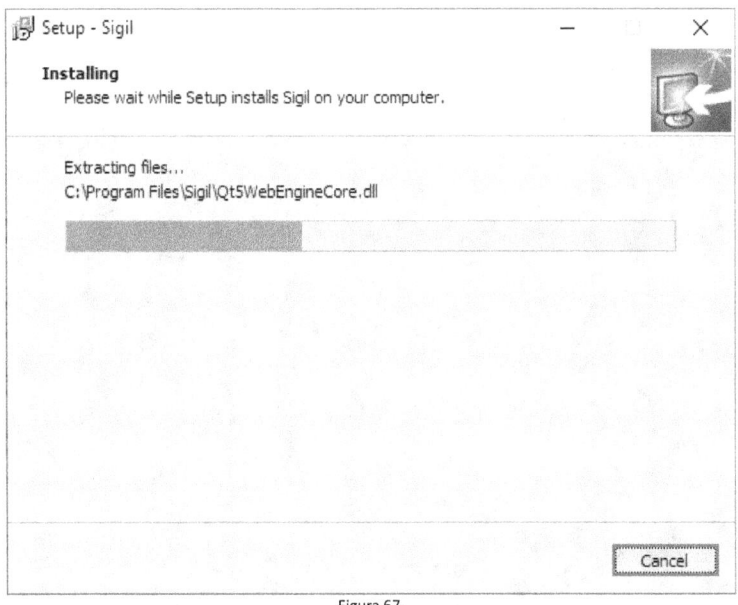
Figura 67.

Una vez que se haya terminado de instalar solamente nos quedaría pendiente dar clic en finalizar (Figura 68), de esta manera ya tendríamos instalado el programa Sigil. Nos aparecería en nuestro

101

escritorio un ícono con la letra «S» que tiene Sigil por logotipo (Figura 69).

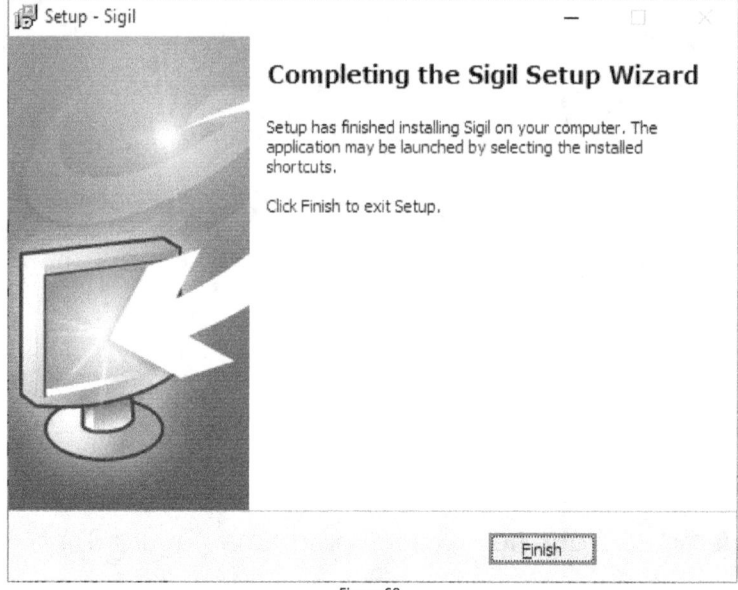
Figura 68.

Figura 69.

Todavía no hemos terminado con la instalación del programa, nos falta descargar un complemento que sirve de editor externo para nuestro programa de creación de archivos ePub, el cual es la interfaz o traductor entre un procesador de texto común y el mundo de los códigos HTML. Este editor del que hablamos es PageEdit.

15.3. Instalación de PageEdit

El proceso de instalación del complemento PageEdit se hace siguiendo exactamente los mismos pasos que con la instalación de Sigil. El archivo de instalación lo podremos encontrar en la carpeta de descarga de nuestro explorador de Windows. Hacemos doble clic en el archivo «.exe», marcamos la casilla de aceptar y hacemos clic en «Siguiente» (Next). (Figura 70).

Figura 70.

Si deseamos instalar el programa en una carpeta distinta a la que se nos presenta en el cuadro como predefinida (C:\Program Files\PageEdit), debemos dar clic en el botón de «Buscar» (Browse), o simplemente damos clic en Next (Figura 71).

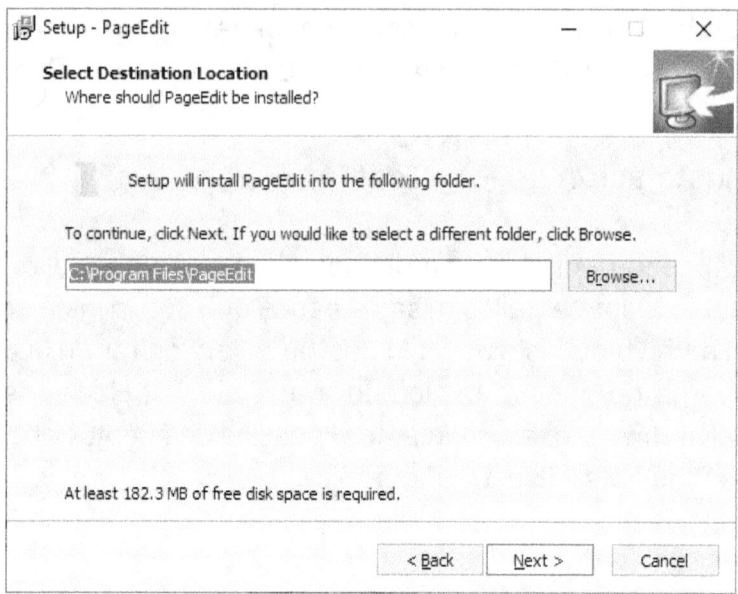
Figura 71.

Lo mismo haremos en las siguientes ventanas que se nos presenten (Figuras 72 y 73):

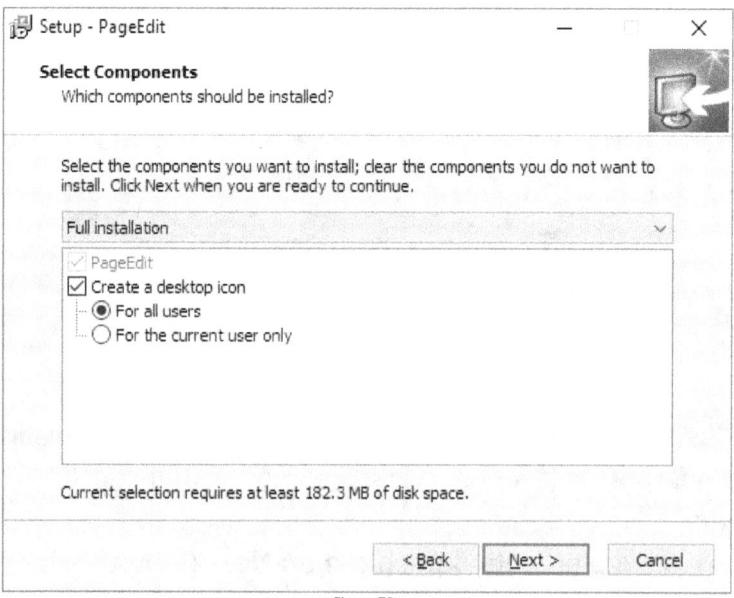
Figura 72.

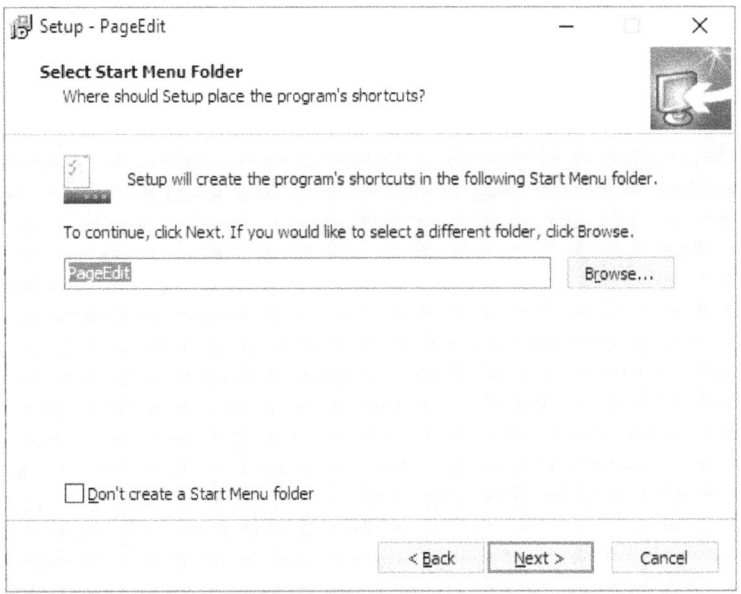

Figura 73.

Ya una vez seleccionadas las características anteriores podemos instalar PageEdit (Figura 74).

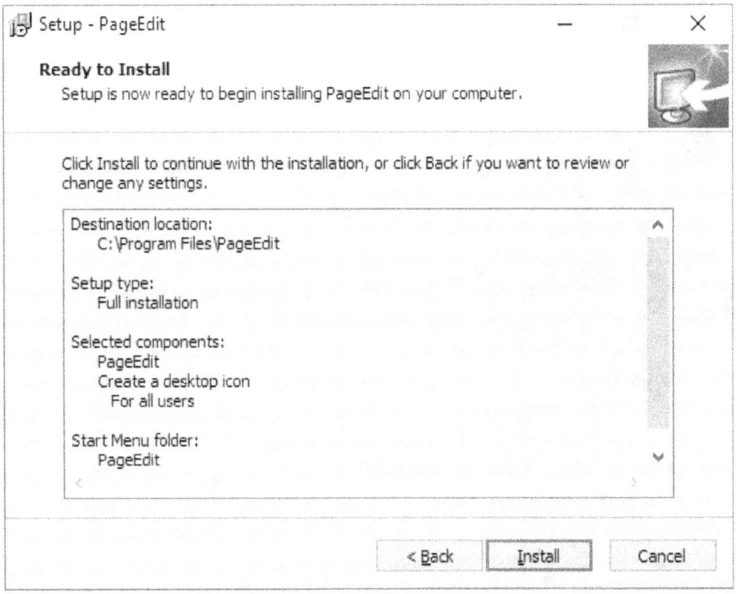

Figura 74.

Esperamos a que se instale el programa (Figura 75).

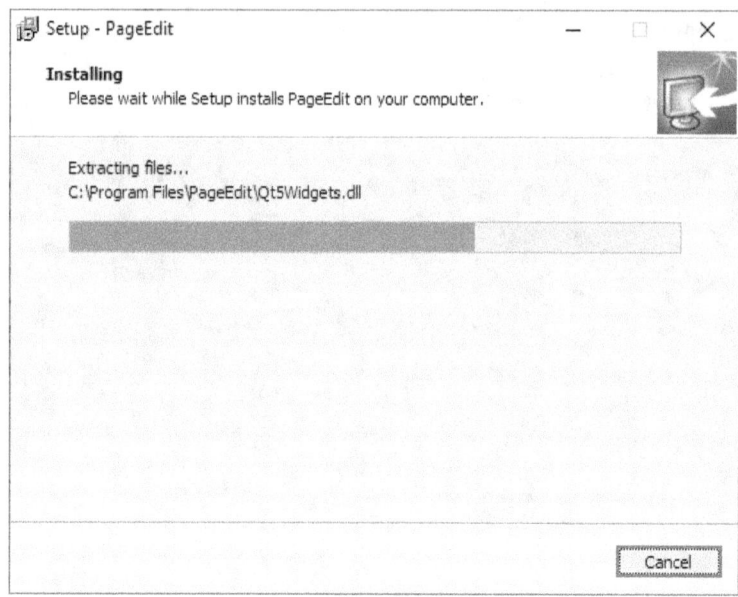

Figura 75.

Una vez que se haya terminado de instalar damos clic en Finalizar (Figura 76) y nos aparecería en nuestro escritorio un ícono con las letras «PE» (P invertida y E juntas) que tiene PageEdit por logotipo (Figura 77).

Figura 76.

Figura 77.

15.4. Interfaz y editor externo

La interfaz de Sigil muestra las 3 columnas antes mencionadas (Figura 78), para poder comenzar a trabajar primero debemos integrar el editor externo PageEdit (que previamente descargamos e instalamos) a la interfaz principal de Sigil.

Figura 78.

Vamos al menú de Edición y buscamos la opción de Preferencias (Figura 79).

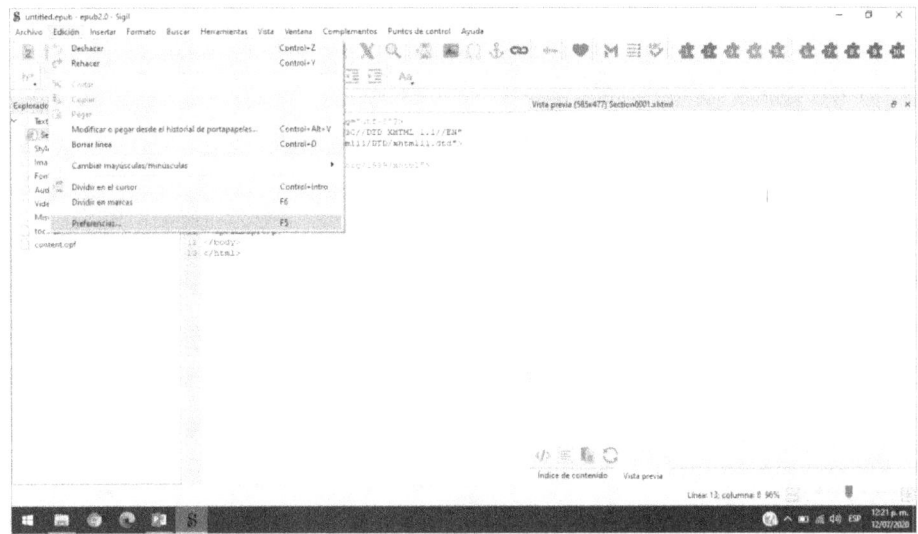

Figura 79.

Nos debe aparecer un cuadro como el que muestra la Figura 80, damos clic en la opción de Opciones Generales > Explorar.

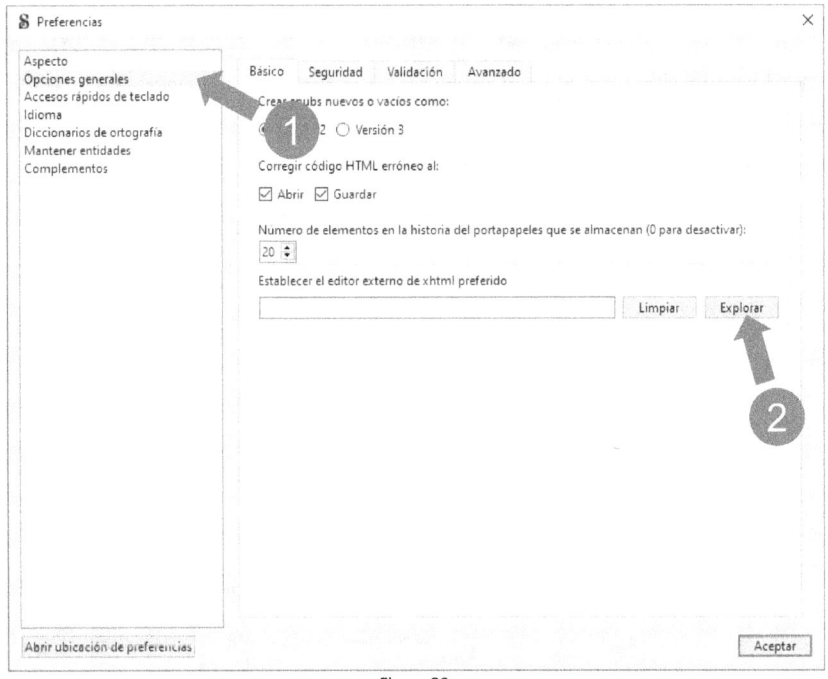

Figura 80.

Buscamos en la carpeta de Archivos de Programa la carpeta con el nombre PageEdit (Figura 81).

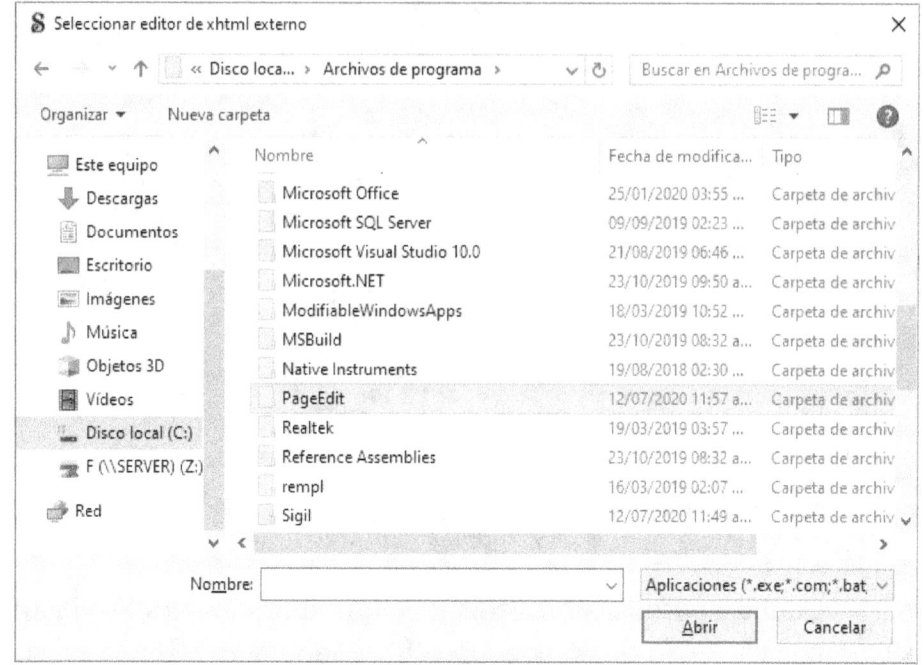

Figura 81.

Dentro de la carpeta de PageEdit buscamos el archivo del programa PageEdit.exe, lo reconoceremos por el ícono distintivo del programa (P invertida y E juntas), (Figura 82).

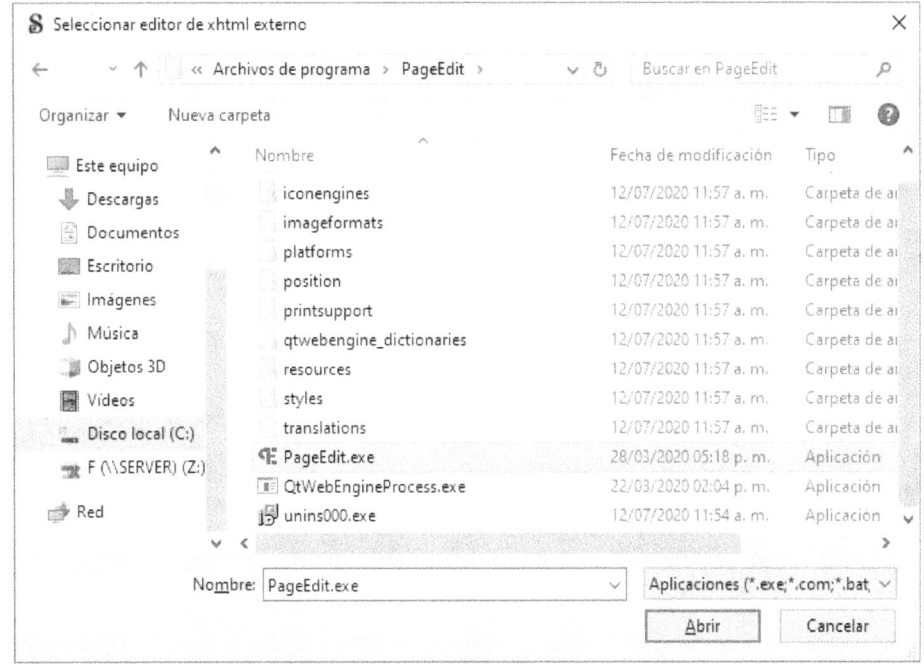
Figura 82.

Damos clic en aceptar y de esta manera ya quedaría integrado el editor externo PageEdit al programa Sigil (figura 83).

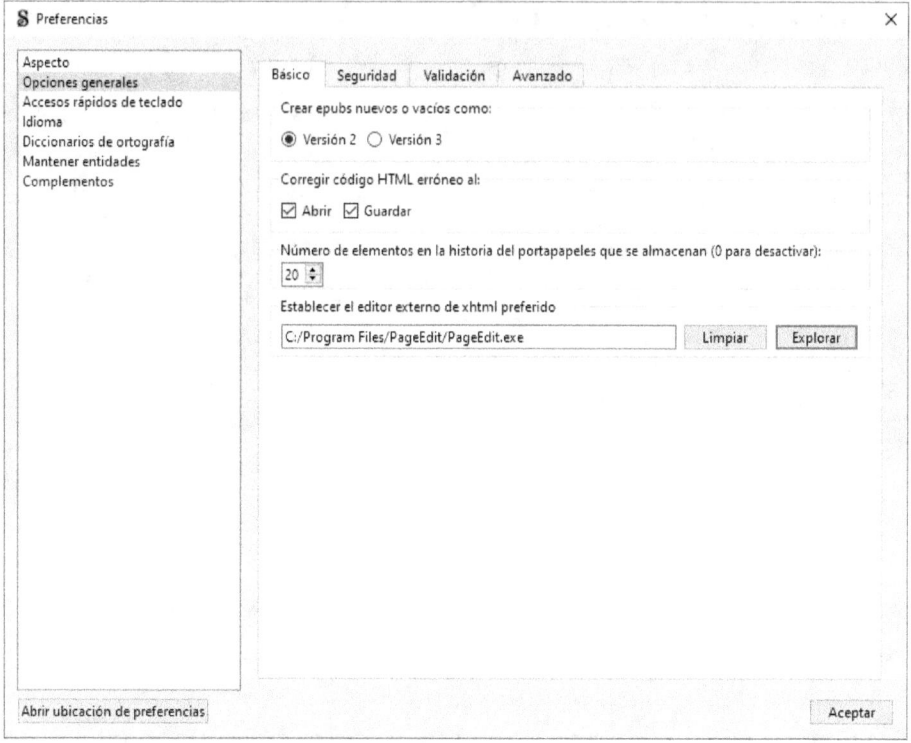

Figura 83.

16. Guardar como y Metadatos

Empecemos nuestro ebook de la misma manera en la que empezaríamos trabajando con cualquier formato de archivo: destinándole un nombre. Para esto iremos a la opción ya conocida de «Archivo > Guardar como».

El hecho de haberle puesto un nombre a nuestro archivo ePub no quiere decir que los dispositivos, plataformas de tiendas o apps de lectura de ebooks nos van a reconocer el nombre del libro, para eso hay que llenar los metadatos.

El siguiente paso es el llenado de los metadatos deseados, hay un sinfín de etiqueta que le podemos agregar a un archivo, muchas son opcionales, aunque las más importantes y que no debemos pasar por alto son el Idioma del libro, el nombre del Libro y el nombre del autor. El llenado de los metadatos se hace sobre el ícono que es una M (Figura 84 y Figura 85).

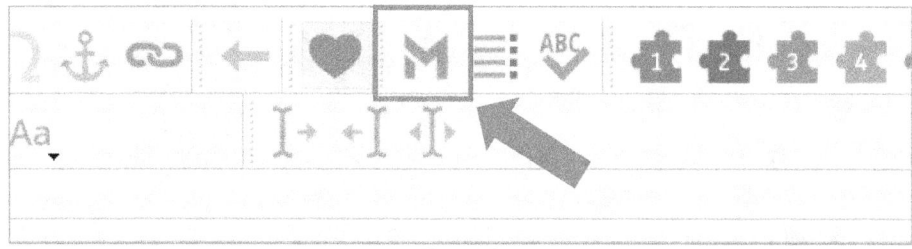

Figura 84.

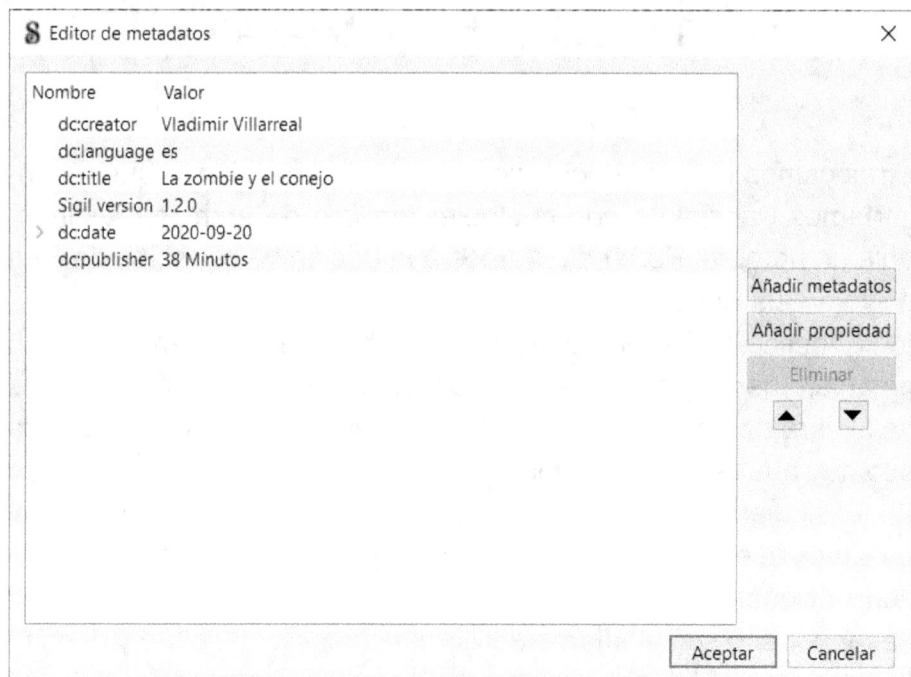

Figura 85.

17. Hoja de estilos

De la misma manera en la que diseñamos en Microsoft Word una serie de estilos para cada parte que conforma un texto, así lo haremos en Sigil, solo que no contamos con una paleta de estilos a modificar, sino que en esta ocasión lo que haremos es crear nuestra hoja de estilos en la que por medio de instrucciones basadas en códigos HTML haremos cada uno de los estilos.

Para crear la hoja de estilo debemos ir a las carpetas que nos aparecen en la parte izquierda de nuestra interfaz de Sigil, ubicamos nuestro curso sobre la carpeta que lleva por nombre «Styles», desplegamos un menú con el botón derecho de nuestro mouse y escogemos la opción «Añadir una hoja de estilos en blanco» (Figura 86).

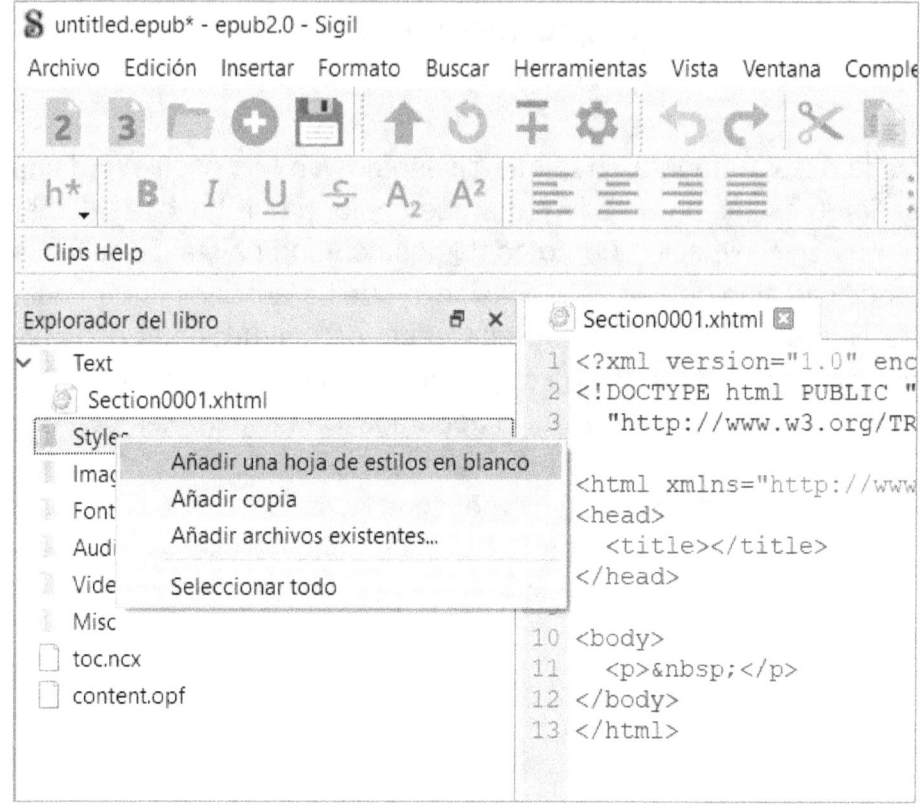

Figura 86.

Inmediatamente se creará un archivo llamado «Style0001.css», sobre esta hoja escribiremos, mediante códigos de CSS y HTML, la configuración deseada para cada parte del maquetado.

17.1. Estilo del cuerpo de texto, etiqueta <body>

Empezaremos por designar los atributos para la fuente que llevará nuestro, tomando en cuenta el mismo criterio que ya hablamos en su momento cuando maquetamos en Word, escogeremos una fuente que sabemos que es la más típica o más fácil de encontrar en cualquier aplicación o dispositivo, y en el caso de que el dispositivo utilice por default una tipografía propia y no tenga la nuestra, le daremos la indicación mediante el siguiente código que la tipografía principal de nuestro ebook es con serifa o sin serifa, para que al menos la sustituya por una fuente similar.

Si nuestro ebook es de ficción, ya sea cuento o novela, escribiremos en nuestra hoja de estilos una etiqueta con la siguiente frase:

body { font-family:"Times New Roman", Times, serif; margin:1em; }

Con esto estamos diciendo a nuestro libro estará escrito con una fuente que forma parte de la familia Times New Roman, que en el caso de que el dispositivo o la app en el que se reproducirá no la tenga, éste lo reemplazará por la letra con serifa que incluya por default, y que el tamaño de la fuente será de 1em.

Si nuestro ebook es de no ficción, como un manual o tutorial, escribiremos en nuestra hoja de estilos una etiqueta con la siguiente frase:

body { font-family:"Arial", Arial, sans; margin:1em; }

Con esto estamos diciendo a nuestro libro estará escrito con una fuente que forma parte de la familia Arial, que en el caso de que el dispositivo o la app en el que se reproducirá no la tenga, éste lo reemplazará por la letra sin serifa que incluya por de fault, y que el tamaño de la fuente será de 1em.

17.2. Estilo de párrafo normal, etiqueta <p>

Para el estilo de párrafo «Normal», intentaremos darle a nuestro párrafo en Sigil unos atributos similares a los que le dimos en nuestra maqueta de Word.

En el siguiente renglón, después de <body>, escribiremos en nuestra hoja de estilos la siguiente el código del párrafo <p>, por lo que debemos copiar lo siguiente:

p { margin:0; text-align:justify; text-indent:1.4em; line-

```
height:1.3em; orphans:2; widows:2; }
```

Con «margin:0;» le estamos diciendo a nuestro archivo ePub que el párrafo no llevará márgenes.

Con «text-align:justify;» le decimos que el texto estará con alineado justificado.

Para determinar muestra sangría en la primera línea del párrafo <p> es el código «text-indent:1.4em», que dice que el espacio del *indented* (o sangrado en español) será de 1.4em.

Para el control de líneas huérfanas (primera línea de un párrafo suelta al final de una página) usaremos el código «orphans:2;» y para el control de las líneas viudas (última línea de un párrafo suelta al principio de una página) usaremos el código «widows:2;». Así le diremos que de un párrafo debe mostrar por lo menos dos líneas del principio o del final. Nota: es probable que muchos lectores no hagan caso a esta instrucción.

Le agregamos el siguiente código para decir que el texto del párrafo no lleva decorado:

```
a { text-decoration:none; }
```

Y para definir el tamaño de texto cuando agreguemos un superíndice o un subíndice agregamos el siguiente código:

```
sup, sub { font-size:0.75em; line-height:normal; }
```

Ya con estos parámetros tenemos configuradas las características de nuestro párrafo Normal.

17.3. Encabezados, etiquetas <h1>, <h2>, <h3>, <h4>, <h5> y <h6>

La configuración de estilo de los encabezados o títulos también, al igual como lo hicimos en Word, deberán corresponder a niveles de jerarquía de los capítulos o temas y con base a eso definiremos el tamaño de fuente para cada Título (Figura 87).

```
 8 /* encabezados */
 9 h1, h2, h3 { margin-top:15%; text-align:center; text-indent:0; padding-bottom:1em; }
10
11 h4, h5, h6 { margin:0; text-align:left; text-indent:0; padding-bottom:1em; }
12
13     h1 { font-size:1.8em; }
14     h2 { font-size:1.6em; }
15     h3 { font-size:1.4em; }
16     h4 { font-size:1.3em; }
17     h5 { font-size:1.2em; }
18     h6 { font-size:1.1em; }
19
```

Figura 87.

El parámetro { margin-top:15% } Quiere decir que habrá un espacio de quince por ciento del tamaño de la pantalla hacia arriba del encabezado, si le asignáramos un 33%, ese espacio se vería mayor, si es Cero no tendremos espacio proporcional en la pantalla con relación al margen.

El parámetro { text-align:center } nos dice que el título se verá con alineado centrado.

El parámetro { text-align:left } nos dice que el título se verá con alineado izquierdo.

El parámetro { text-indent:0 } nos dice que no hay sangría en el encabezado.

El parámetro { padding-buttom:1em } se refiere al espaciado posterior que usaremos después del encabezado, que corresponde a un tamaño de 1em.

El parámetro { font-size:1.8em } corresponde al tamaño de la fuente, cuya unidad de medida será «em».

17.4. Clases y Span

Las etiquetas de Class y las etiquetas <span> (siempre cerrar con </span>) se utilizarán para dotar de un estilo específico o de uso menos regular dentro de las etiquetas ya mencionadas anteriormente, por ejemplo, si podemos crear una Clase (class) para indicar dentro de una etiqueta de párrafo Normal <p> que cierto párrafo en particular no llevará sangría como indica el estándar, y para ellos debemos crear una class que a la que le demos la instrucción de que el elemento que deseamos cambiar del estándar no lleva sangría. En los códigos CSS las class las identificamos por llevar un punto al inicio de la etiqueta en la hoja de estilos:

.sinsangria { text-indent:0 }

Y dentro del archivo HTML los llamaremos con la palabra class, y entre comillas el nombre de la clase: «clas="sinsangría"».

Quedándonos una línea de código como la siguiente: <p class="sinsangria" >

A continuación dejo unas clases que acostumbro utilizar para el maquetado de mis ebooks y que más adelante veremos:

/* letra capital */

.capital { float:left; font-size:80px; font-weight:bold; line-height:50px; padding:2px; }

.capital2 { float:left; font-size:60px; font-weight:bold; line-height:40px; padding:2px; }

.capital3 { float:left; font-size:40px; font-weight:bold; line-height:20px; padding:1px; }

/* saltos */

.saltoparr1 { padding-top:1em; }

.saltoencap { padding-top:1em; padding-bottom:1em; text-align:center; font-size:1.6em; font-weight:bold; text-indent:0;}

.saltotitulo { margin-top:30%; }

.sinsalto { margin-top:0%; }

/* sin sangria */

.sinsangria { text-indent:0; }

/* tamaño de imagen */

```
.tamimg25 { max-width:25%; }
```

Al final, después de haber añadido las etiquetas, tendremos una hoja de estilos similar a la que se muestra en la siguiente figura (Figura 88):

```
 Style0001.css
 1  body { font-family:"Times New Roman", Times, serif; margin:1em; }
 2  p { margin:0; text-align:justify; text-indent:1.4em; line-height:1.3em; orphans:2; widows:3; }
 3  a { text-decoration:none; }
 4  sup, sub { font-size:0.75em; line-height:normal; }
 5
 6  img { max-width:100%; }
 7
 8  /* encabezados */
 9  h1, h2, h3 { margin-top:15%; text-align:center; text-indent:0; padding-bottom:1em;}
10
11  h4, h5, h6 { margin:0; text-align:left; text-indent:0; padding-bottom:1em; }
12
13      h1 { font-size:1.8em; }
14      h2 { font-size:1.6em; }
15      h3 { font-size:1.4em; }
16      h4 { font-size:1.3em; }
17      h5 { font-size:1.2em; }
18      h6 { font-size:1.1em; }
19
20  /* letra capital */
21  .capital { float:left; font-size:80px; font-weight:bold; line-height:50px; padding:2px; }
22  .capital2 { float:left; font-size:60px; font-weight:bold; line-height:40px; padding:2px; }
23  .capital3 { float:left; font-size:40px; font-weight:bold; line-height:20px; padding:1px; }
24
25  /* tipografía */
26  /* para texto en mayúsculas cuyo tamaño, sin embargo, es similar al de las minúsculas */
27
28  /* alineación */
29  /* saltos */
30  .saltoparr1 { padding-top:1em; }
31  .saltoencap { padding-top:1em; padding-bottom:1em; text-align:center; font-size:1.6em; font-weight:bold; text-indent:0;}
32  .saltotitulo { margin-top:30%; }
33  .sinsalto { margin-top:0%; }
34  /* bloques */
35  .bloque { page-break-inside:avoid; } /* evita que un elemento se divida entre dos páginas en algunos lectores */
36  /* listas */
37  li { text-align:justify; line-height:1.3em; }
```

Figura 88.

18. Secciones y archivos

18.1. Archivos «.xhtml»

En Sigil, una sección corresponde a cada uno de los archivos «.xhtml», los cuales nos ayudan a dividir por capítulos o por partes nuestro libro electrónico. Cada que abrimos un archivo de Sigil nuevo, de manera predeterminada tenemos una sección, es decir un archivo «.xhtml» listo para editar o vaciar ahí nuestro texto (Figura 89).

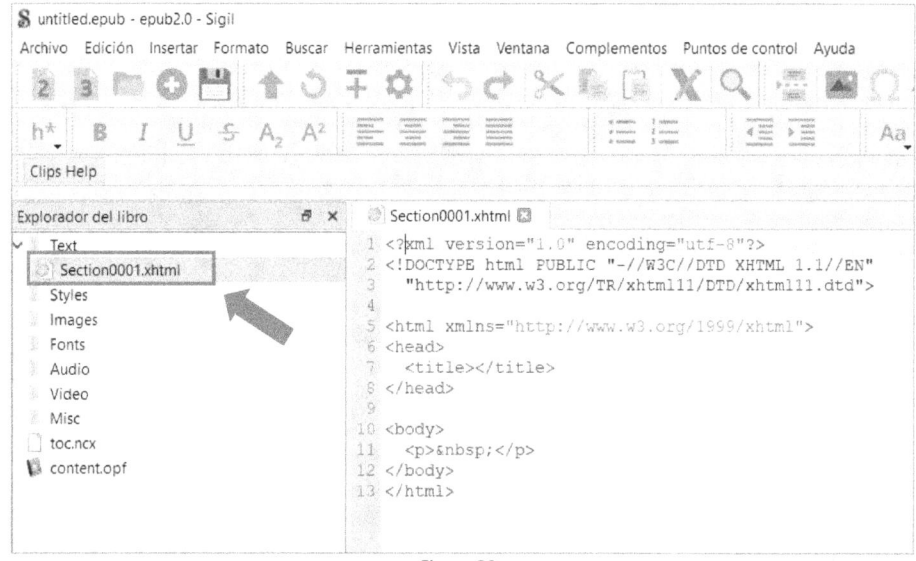

Figura 89.

18.2. Renombrar archivos

Para renombrar el archivo podemos hacer igual que con muchos otros programas: poner nuestro cursor encima > hacer clic en el botón derecho de nuestro mouse > Renombrar.

De esa manera podemos ponerle a nuestro archivo el título que más nos ayude a ordenar nuestro archivo. En mi caso lo nombraré «Titulo» (los nombres de estos archivos no aceptan tildes), que es la página inicial o «Portada» en la cual colocaré el título del libro y el nombre del autor (Figura 90).

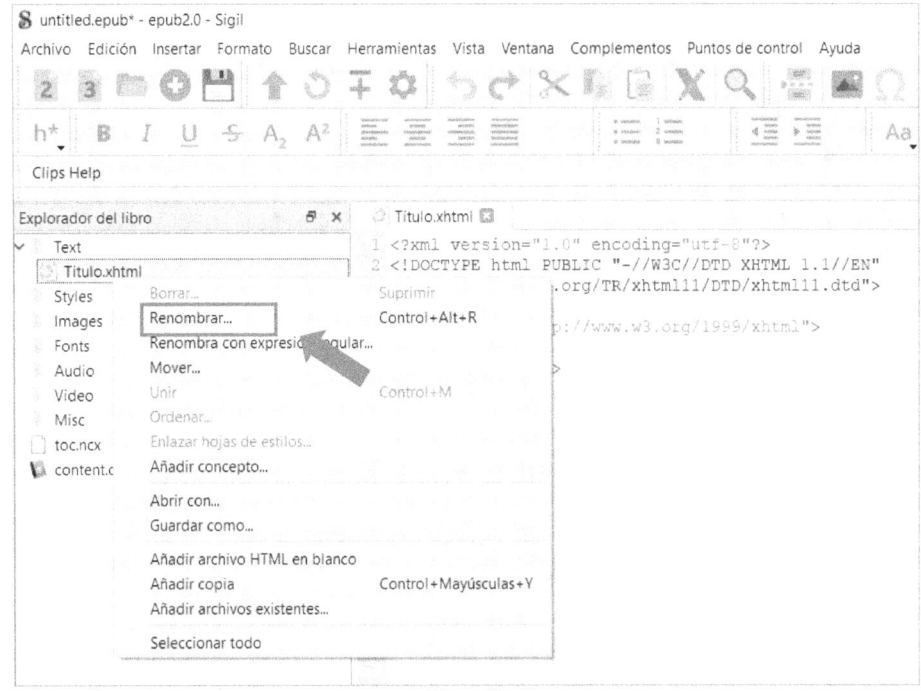

Figura 90.

18.3. Añadir Archivos

Para añadir nuevos archivos de secciones es en el mismo menú, tenemos tres opciones: Añadir archivo HTML en blanco, Añadir copia y Añadir archivos existentes.

El primero, Añadir archivo HTML en blanco, te crea un archivo nuevo sin información, sin enlace a una hoja de estilos ni texto.

Para el segundo, Añadir copia, esta opción nos crea una copia idéntica del archivo HTML sobre el cual estamos haciendo clic, la cual podemos editar cambiando algunas cosas y aprovechando otras ya configuradas del archivo original.

Y por último, en Añadir archivos existentes, ahí podremos abrir archivos que tengamos guardados en alguna carpeta y añadirlos en nuestro archivo con el que estamos trabajando (Figura 91).

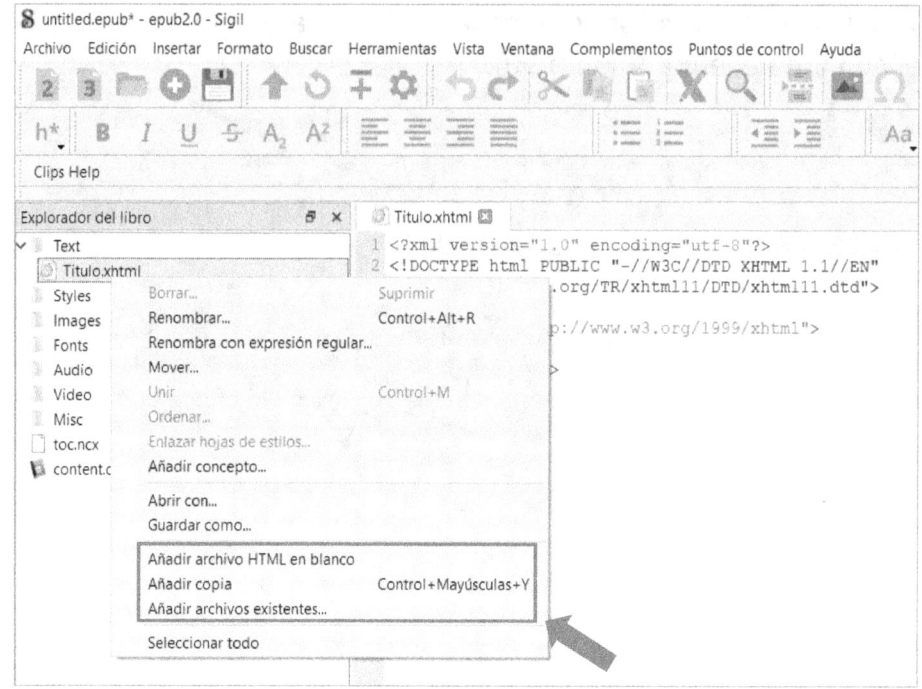

Figura 91.

Teniendo ya como base el maquetado de nuestro ebook en Word para Amazon o Smashwords, nos será más sencillo tener una idea más clara de lo que queremos lograr para nuestro archivo en formato ePub. Recordemos que mientras trabajábamos en el archivo de Word hice hincapié en no estábamos elaborando un ebook, sino un maquetado en Word para que una plataforma como la que tienen las tiendas de Amazon Kindle y Smashwords puedan convertir en un ebook completamente funcional, con sus respectivas tablas de contenido interactivas.

Nuestro archivo ePub, aunque necesite de la ayuda de una aplicación o un dispositivo e-Reader para ser reproducido, se trata de un ebook terminado, pero eso solo hablando en términos de formato, por lo que si nos basamos en el diseño que previamente le dimos a nuestro archivo de Word podremos decir que prácticamente es cuestión de emularlo con el software de Sigil.

En los siguientes puntos veremos de nuevo cada parte que compone un libro electrónico y, basándonos en el diseño que ya elaboramos para nuestro archivo en Word, haremos un maquetado en Sigil, para esto nos valdremos de la hoja de estilos que ya tenemos para establecer los parámetros de tamaños de Texto y espaciamientos deseados.

19. Depurado de estilos

Tengamos abierto de nuevo nuestro libro en Word, copiaremos y pegaremos el texto de cada sección en un bloc de notas, para limpiar por completo todo el formato existente, de la misma manera en la que limpiamos todo formato antes de pasarlo a nuestro archivo a maquetar, de lo contrario nos estaríamos trayendo a nuestro archivo HTML una serie de códigos de Word que más que ayudarnos nos causarán un lío.

19.1. Sección de Título

Siguiendo los pasos mencionados en los capítulos anteriores, añadiremos un archivo HTML nuevo para la portada de nuestro ebook, a este le pondremos el nombre «Título». Vayamos a la opción de «Enlazar hojas de estilos», para enlazar nuestro archivo nuevo con el archivo CSS que anteriormente creamos.

Comencemos con la portada. Abrimos el archivo HTML, nos debe aparecer abierto en la ventana de los códigos HTML y en la vista previa, la cual aparecerá completamente en blanco.

Ahora abriremos nuestro editor externo PageEdit, el cual ya enlazamos con nuestro programa Sigil. Para cualquier duda de cómo enlazarlo hay que regresar al punto 15.4 Interfaz y editor externo.

El botón que nos lleva al editor PageEdit lo encontraremos en la barra de herramientas como una X conformada por un lápiz y una línea diagonal azul (Figura 92):

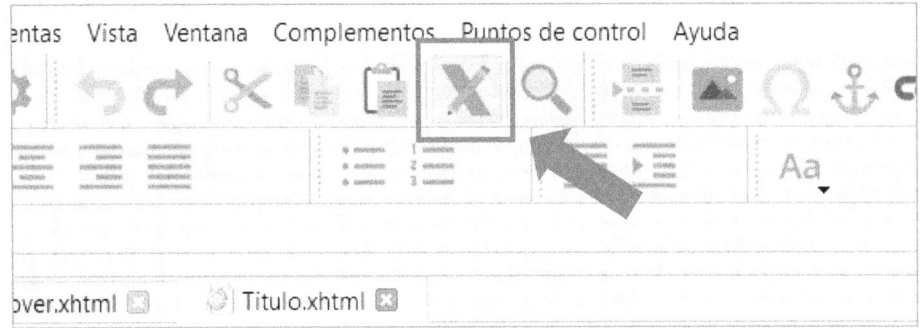

Figura 92.

Se abrirá otro programa, con una página en blanco en la que podremos editar directamente, sin necesidad de emplear códigos HTML.

En nuestra página en blanco colocamos en la primera línea el nombre del autor del libro y en la segunda el título del libro (Figura 93):

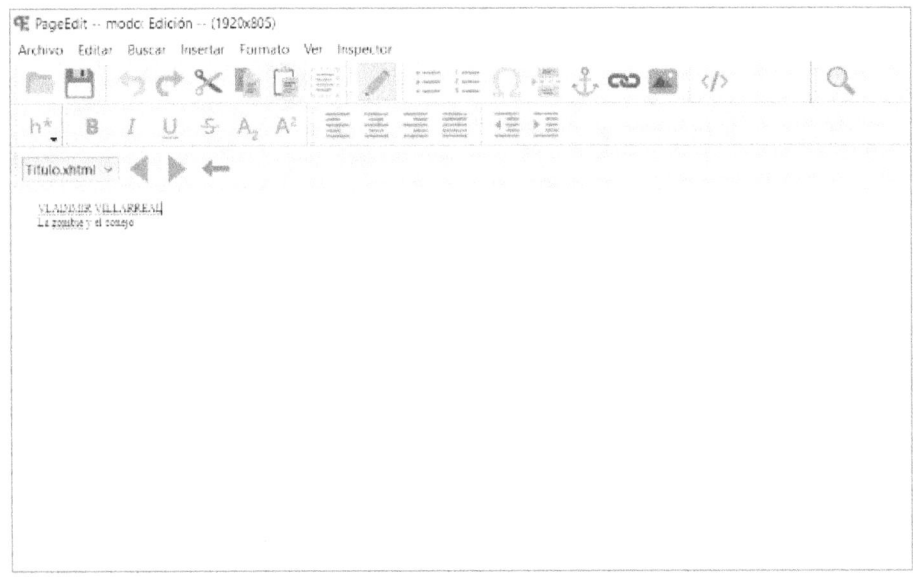

Figura 93.

Ahora le asignaremos los estilos, de la misma forma como lo hacíamos en Word: posicionamos el cursor al final de la línea con el nombre del autor y buscamos el encabezado «h2» en el menú de los estilos (Figura 94).

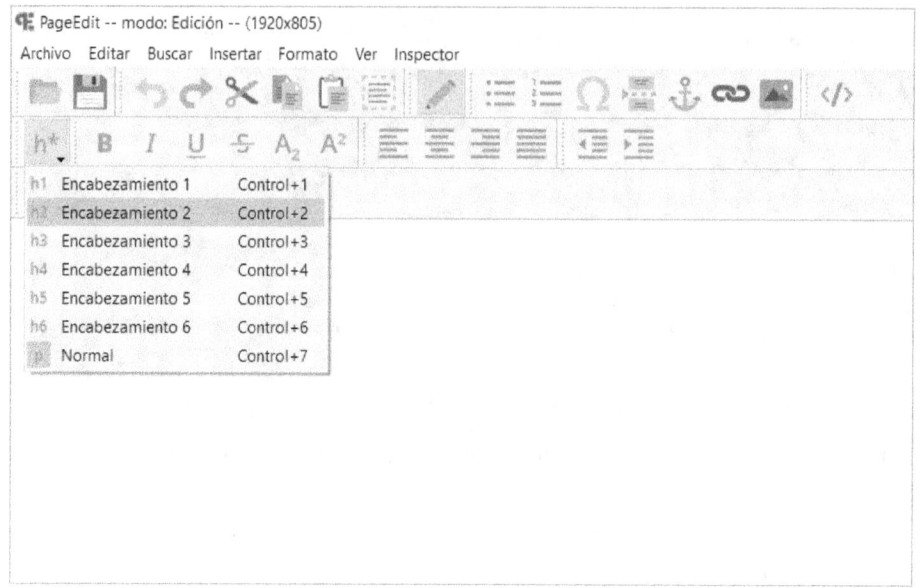

Figura 94.

Lo mismo haremos con el título del libro, pero le asignaremos el estilo «h1». El resultado será como el siguiente (Figura 95):

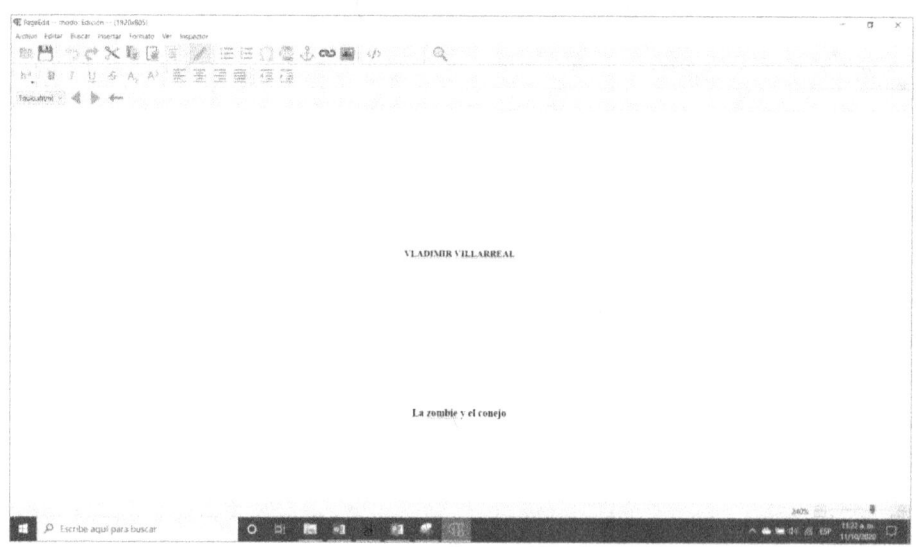

Figura 95.

Los estilos que tendremos configurados para h1 y h2 en nuestra hoja de estilos CSS serán escritos con los siguientes códigos:

h1 { font-size:1.8em; margin-top:15%; text-align:center; text-indent:0; padding-bottom:1em;}

h2 { font-size:1.6em; margin-top:15%; text-align:center; text-indent:0; padding-bottom:1em;}

El código HTML para nuestra portada quedaría de la siguiente manera:

```
<?xml version="1.0" encoding="utf-8"?>

<html xmlns="http://www.w3.org/1999/xhtml">

<head>

<title>La zombie y el conejo</title>

<link href="../Styles/Style0001.css" type="text/css" rel="stylesheet"/>

</head>

<body>

<h2>VLADIMIR VILLARREAL</h2>

<h1>La zombie y el conejo</h1>

</body>

</html>
```

Visto en la ventana de vista preliminar luciría de la siguiente manera (Figura 96):

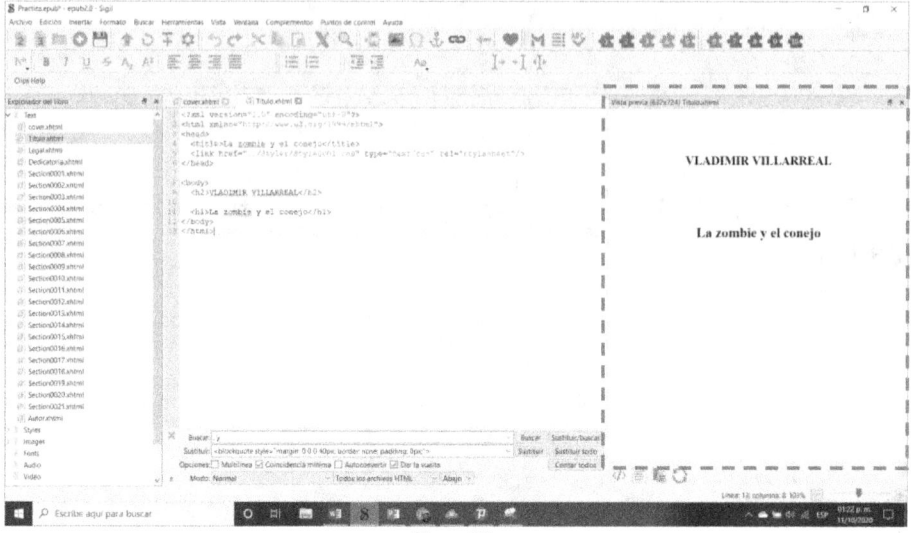

Figura 96.

Si deseamos agregar un espacio más amplio entre el nombre del autor y el margen superior de la página entonces debemos crear una clase en la hoja de estilos que indique el porcentaje de tamaño de la página que queremos espaciar mediante un «salto»:

.saltotitulo { margin-top:30%; }

Entonces la línea con el nombre del autor quedaría con el código del estilo h2 de la siguiente manera:

<h2 class="saltotitulo">VLADIMIR VILLARREAL</h2>

20. Sección de Página Legal

Para crear nuestra página legal de nuevo añadiremos un archivo HTML en blanco y le enlazaremos la hoja de estilos CSS.

Lo podemos renombrar con el nombre que más nos ayude a organizar nuestro ebook. En mi caso le pondré «Legal».

Siguiente paso, abrimos el editor externo PageEdit y pegamos el contenido de nuestra página legal, no sin antes haberlo depurado pasándolo por el bloc de notas (Figura 97).

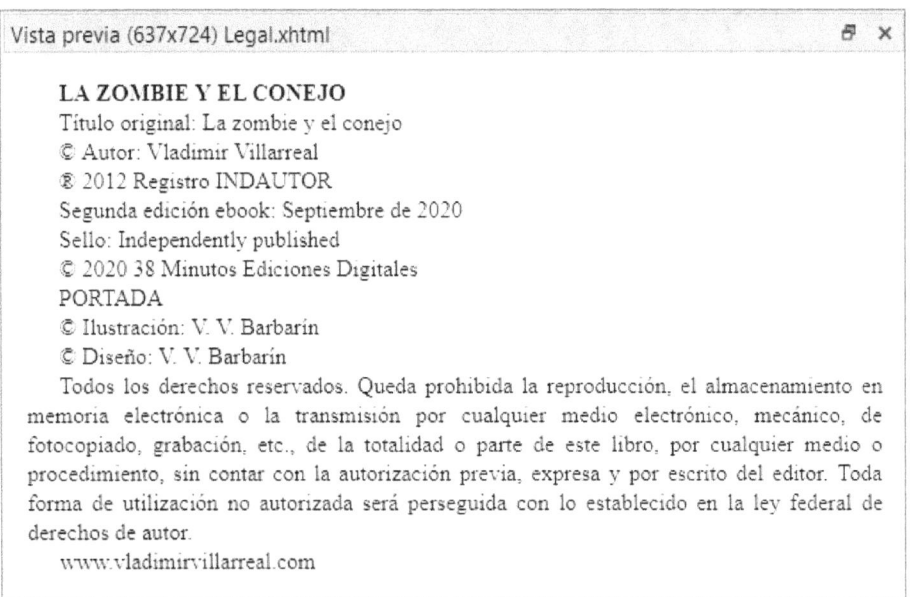

Figura 97.

Como el estilo de párrafo <p> tiene configurada una sangría en la primera línea, crearemos una clase para alinear a la izquierda la primera línea. El código de la clase sería el siguiente:

.sinsangria { text-indent:0; }

Entonces la etiqueta de párrafo <p> incluirá dentro la clase para quedar de la siguiente manera:

```html
<body>

<p class="sinsangria"><b>LA ZOMBIE Y EL CONEJO</b><br/></p>

<p class="sinsangria">Título original: La zombie y el conejo</p>

<p class="sinsangria">© Autor: Vladimir Villarreal</p>

<p class="sinsangria">® 2012 Registro INDAUTOR</p>

<p class="sinsangria">Segunda edición ebook: Septiembre de 2020</p>

<p class="sinsangria">Sello: Independently published</p>

<p class="sinsangria">© 2020 38 Minutos Ediciones Digitales</p>

<p class="sinsangria">PORTADA</p>

<p class="sinsangria">© Ilustración: V. V. Barbarín</p>

<p class="sinsangria">© Diseño: V. V. Barbarín</p>

<p class="sinsangria">Todos los derechos reservados. Queda prohibida la reproducción, el almacenamiento en memoria electrónica o la transmisión por cualquier medio electrónico, mecánico, de fotocopiado, grabación, etc., de la totalidad o parte de este libro, por cualquier medio o procedimiento, sin contar con la autorización previa, expresa y por escrito del editor. Toda forma de utilización no autorizada será perseguida con lo establecido en la ley federal de derechos de autor.</p>

<p class="sinsangria">www.vladimirvillarreal.com</p>
```

21. Dedicatoria

Para la dedicatoria crearemos una sección nueva o un archivo HTML nuevo y enlazamos la hoja de estilos. La nota que incluiremos como dedicatoria tendrá los siguientes atributos:

- Usaremos una clase de Salto de título,
- La alineación de texto a la derecha,
- Letra en cursiva o itálica,
- Las líneas serán del tamaño de un verso de poesía o aproximadamente a la mitad de la línea completa.

Aunque podemos configurar nuestro párrafo desde la ventana del editor externo PageEdit, estas propiedades las podemos agregar también con el siguiente código HTML:

```
<p class="saltotitulo" style="text-align: right;"><i>

</i></p>
```

Los saltos de línea se hacen desde el editor externo PageEdit con las teclas «Shift + Enter» o en la ventana de HTML con el código <br/>. Veamos el ejemplo de la Figura 98.

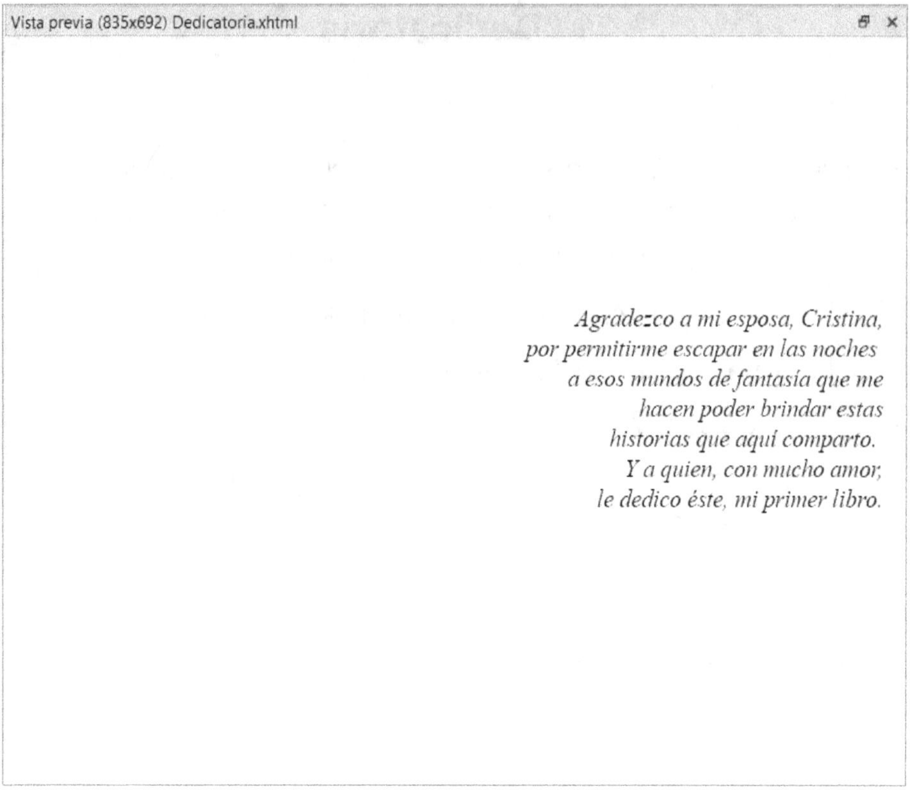

```
Vista previa (835x692) Dedicatoria.xhtml
```

Agradezco a mi esposa, Cristina,
por permitirme escapar en las noches
a esos mundos de fantasía que me
hacen poder brindar estas
historias que aquí comparto.
Y a quien, con mucho amor,
le dedico éste, mi primer libro.

Figura 98.

El código HTML para el párrafo anterior sería el siguiente:

\<body\>
\<p class="saltotitulo" style="text-align: right;"\>\<i\>Agradezco a mi esposa, Cristina,\<br/\>por permitirme escapar en las noches \<br/\>a esos mundos de fantasía que me\<br/\>hacen poder brindar estas\<br/\>historias que aquí comparto. \<br/\>Y a quien, con mucho amor,\<br/\>le dedico éste, mi primer libro.\</i\>\</p\>
\</body\>

22. Imágenes en Sigil

22.1. Insertar imágenes en Sigil

Para insertar una imagen en nuestro libro electrónico debemos ir justo a donde la queremos insertar y posicionar nuestro cursor. Se recomienda abrir un renglón destinado para el código HTML de la imagen con sus parámetros deseados (Figura 99). Antes debemos asegurarnos de crear en nuestra hoja de estilos una etiqueta con el siguiente código: img { max-width:100%; }. Esto para que las imágenes que insertemos tengan un máximo de tamaño del ancho de nuestro margen o página, ya que si la resolución de la imagen es muy alta, pudiéramos visualizar en nuestro reproductor de ebooks solamente un fragmento de la fotografía.

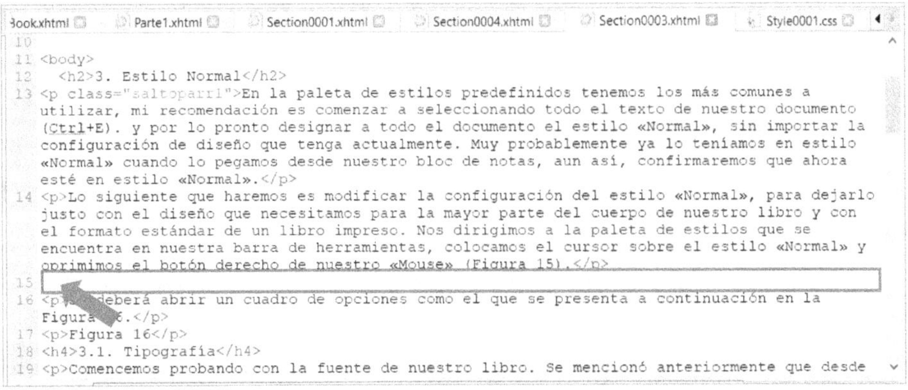

Figura 99.

En seguida debemos ir al botón de insertar imagen que se muestra en la barra de herramientas de nuestro programa de creación de ePub, justo en donde muestra la Figura 100.

Figura 100.

Se abrirá un cuadro en el que podemos escoger entre las imágenes previamente guardadas en nuestro archivo de Sigil o un explorador para buscar en otra carpeta de nuestro equipo (Figura 101).

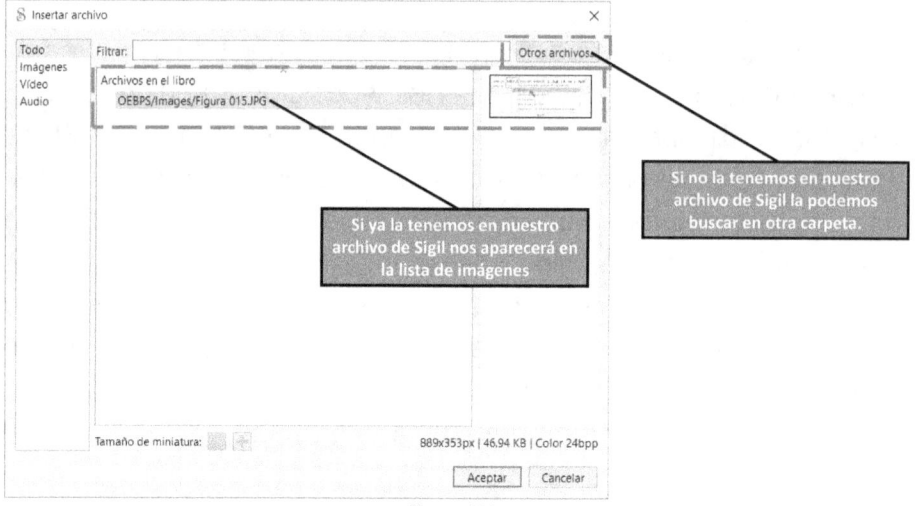

Figura 101.

Una vez que la adjuntamos, hacemos clic en el botón de **Aceptar** y la imagen deberá aparecer en el cuadro de nuestra vista previa de nuestro ebook, así como el código HTML correspondiente a la imagen en el cuadro de los códigos:

```
<img alt="Figura 015" src="../Images/Figura%20015.JPG"/>
```

Si queremos agregar un espacio anterior y otro posterior a la imagen, con la finalidad de que no quede muy junta con el texto, podemos crear una clase con el siguiente código:

```
.espacioimg { padding-top:1em; padding-bottom:1em; }
```

Esta clase la incluimos dentro de nuestra línea de la imagen correspondiente de la siguiente manera:

```
<img class="espacioimg" alt="Figura 015" src="../Images/Figura%20015.JPG"/>
```

El resultado de la inserción de la imagen será el siguiente (Figura 102):

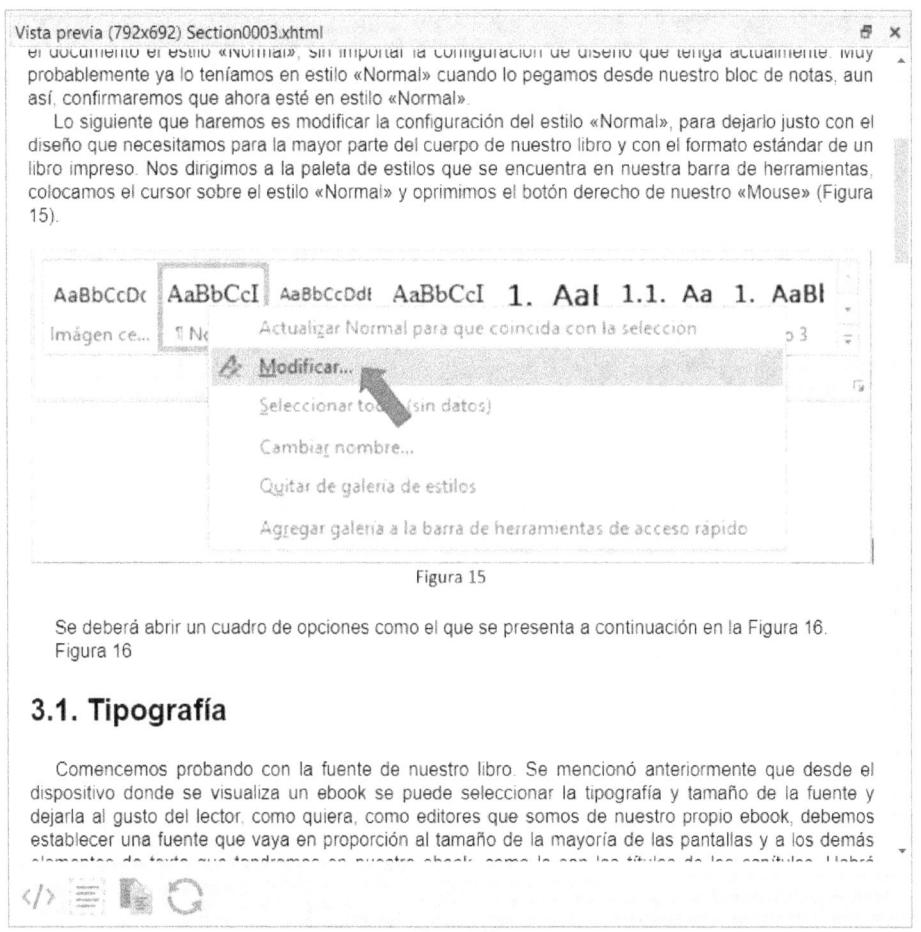

Figura 102.

Ahora veamos cómo hacer nuestra imagen más pequeña. Si deseamos que nuestra imagen ocupe un 50% del ancho de la pantalla, sin importar de qué tamaño sea la pantalla y qué tanto se agrande la fuente de texto, podemos dar una indicación, por medio de una clase, para nuestra imagen conserve en todo momento la misma proporción conforme al ancho de la pantalla. Hagamos un ejemplo. Vamos a nuestra hoja de estilo y creemos una clase nueva llamada:

.tamimg25 { max-width:25%; }

Ahora agreguemos a la línea de nuestra imagen la nueva clase, como muestra el siguiente código:

<img class="espacioimg tamimg25" alt="Figura 015" src="../Images/Figura%20015.JPG"/>

El resultado del cambio de tamaño de la imagen será el siguiente (Figura 103):

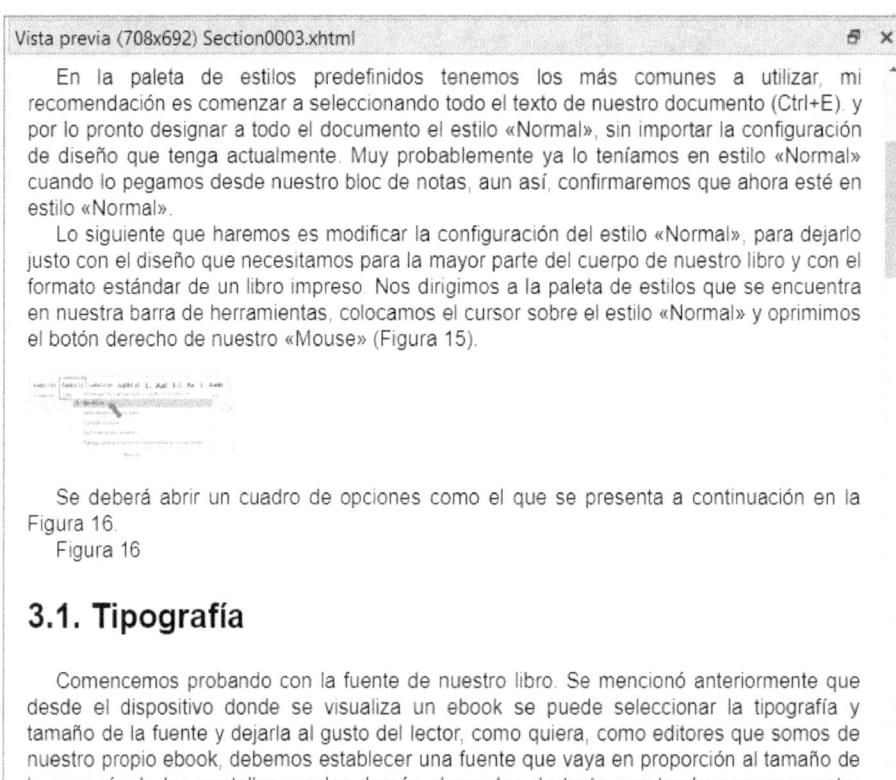

Figura 103.

Si lo que queremos es centrar la imagen solamente debemos abrir nuestro editor externo PageEdit, colocar el cursor enseguida de la imagen y hacer clic en el botón de Centrar (Figura 104). Lo mismo si quisiéramos alinear nuestra imagen a cualquiera de los dos márgenes laterales con los botones de justificado derecho o justificado izquierdo.

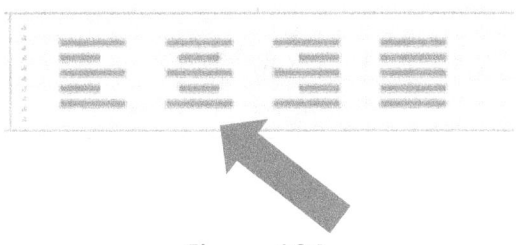

Figura 104.

22.2. Cubierta (Cover)

Colocar la cubierta dentro del archivo ePub es de las cosas más sencillas que veremos en nuestro maquetado con Sigil. De antemano debemos tener nuestra imagen hecha y guardada en una carpeta. Es tan sencillo como ir a la barra de «Herramientas» y hacer clic en la opción «Añadir una portada» (Figura 105).

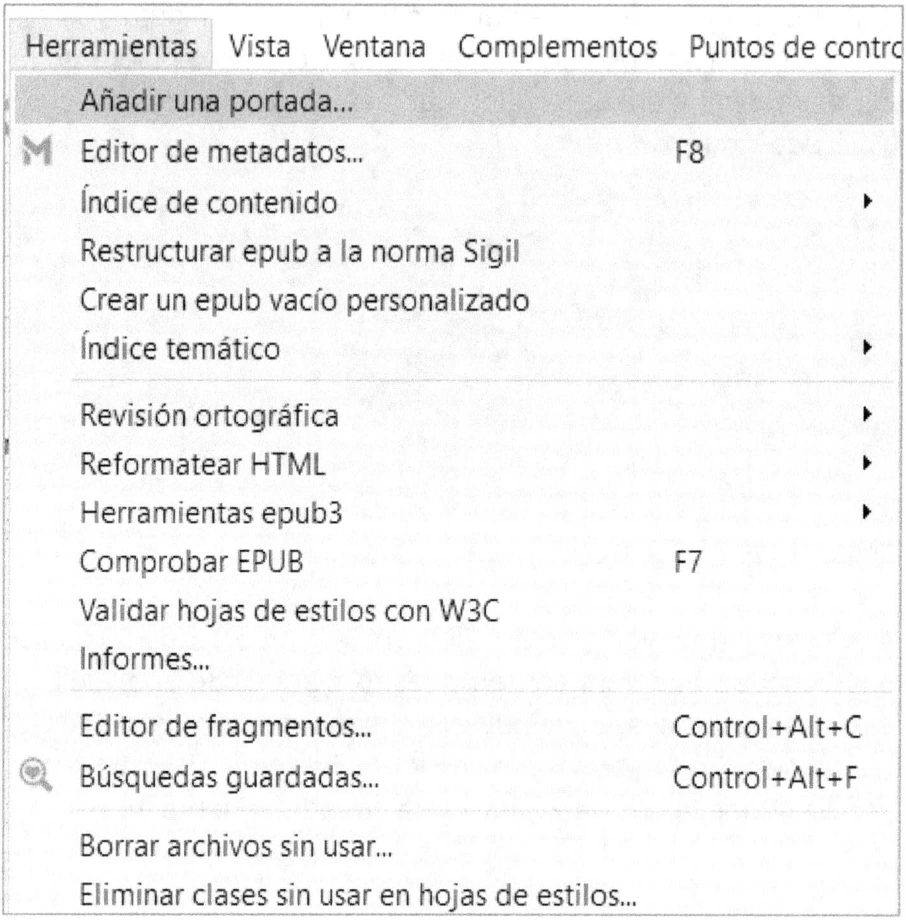

Figura 105.

No tenemos que hacer nada para que esta se acomode al inicio de nuestras secciones que la imagen se adapte justo al tamaño de nuestra pantalla, este archivo lo podemos encontrar con el nombre de «Cover» entre los archivos «.xhtml», y podemos visualizar como lucirá en nuestra ventana de vista preliminar. (Figura 106).

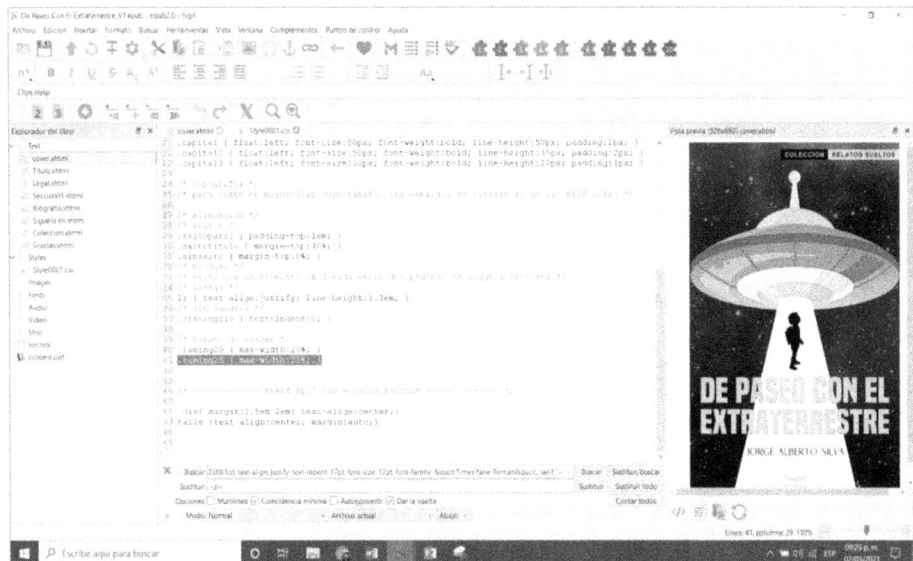

Figura 106.

23. Índice de Contenido en Sigil

De la misma manera en que lo vimos con el maquetado de ebook con Microsoft Word, en la que el manejo de los estilos con los títulos, en sus diferentes niveles, nos crean la **Tabla de Contenido** «TOC»: ese índice automático que se visualiza desde las herramientas del lector e-reader o la App que usemos para leer nuestros ebooks, de esa misma manera es como se crea el índice interactivo o Tabla de Contenido con Sigil, esta depende de los títulos incluidos en nuestros archivos de extensión HTML o «.xhtml» que conforman nuestro archivo comprimido ePub.

Una vez que ya maquetamos nuestro libro electrónico siguiendo los pasos antes mencionados, podemos validar y editar nuestra Tabla de Contenido. Para eso iremos al botón de «Generar índice de contenido», el cual podemos encontrar en nuestra barra de herramientas (Figura 107).

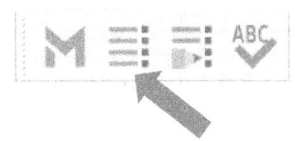

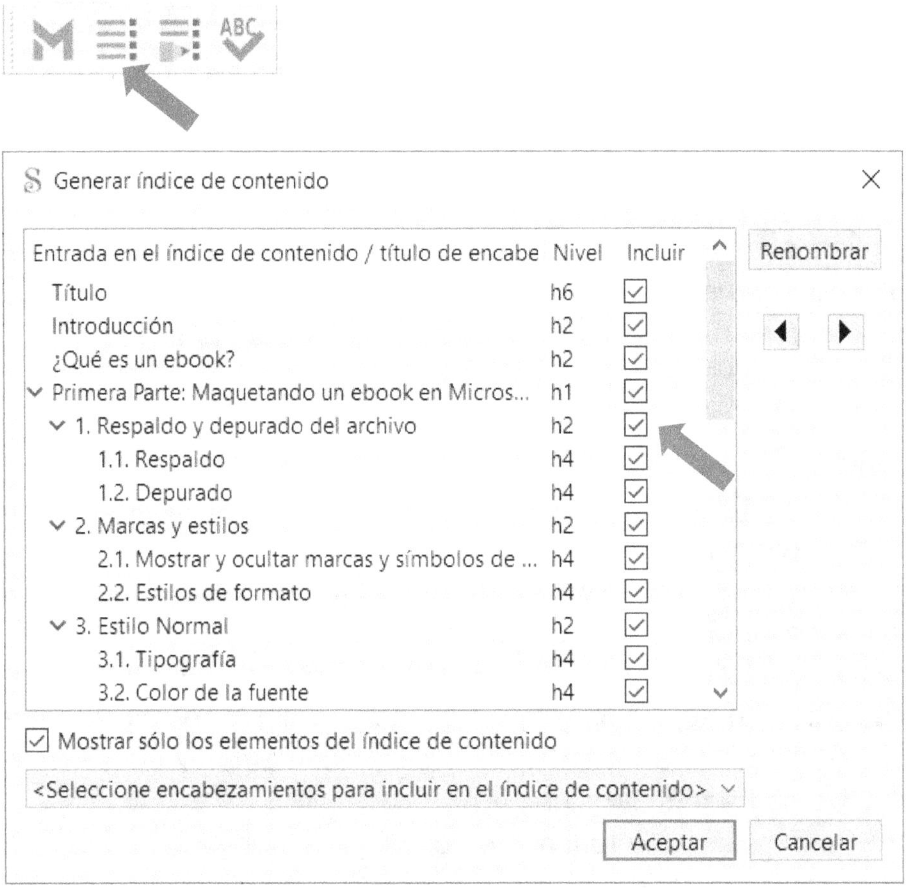

Figura 107.

En el cuadro del Índice de contenido podemos deshabilitar algunos títulos que no deseamos que aparezcan en el índice final. Un ejemplo, si en la primera sección tenemos el nombre del libro con el estilo de título «h1» y el nombre del autor con el estilo de título «h2», estos dos títulos o frases aparecerán en automático en el listado del índice, lo ideal es deshabilitar la casilla correspondiente al nombre del Autor.

En ese mismo cuadro podemos renombrar los capítulos, en el caso de la misma sección ya mencionada, el archivo «.xhtml» pudiera llamarse «Página de Título», nosotros lo renombraremos «Inicio», así cuando alguien haga clic en Inicio, se dará un salto a la primera página del libro, correspondiente a la portada interior.

24. Hipervínculos

24.1. Hipervínculos a sitios externos

Los hipervínculos a sitios externos son enlaces que nos pueden dirigir a una página web, a un blog, a un video de YouTube o a una tienda en internet, estos se configuran de la siguiente manera:

Escribes dentro del editor externo PageEdit el texto de lo que deseas que diga el hipervínculo: por ejemplo: «38 Minutos Ediciones». Lo seleccionas y haces clic en el botón de Insertar hipervínculo (tiene la forma de dos eslabones de cadena color rojo).

Aparecerá un cuadro en el que pegaremos en el campo de «Destino» la dirección URL del sitio al que queremos dirigir a los lectores. Le damos clic en el botón de Aceptar y en automático nuestro texto se convertirá en un hipervínculo, lo reconoceremos porque el texto se hará de color azul. Guardamos y cerramos el archivo de PageEdit (Figura 108).

Para revisar que realmente nos dirige al sitio web que deseamos, debemos dar clic sobre nuestro nuevo hipervínculo en la ventana de la vista previa.

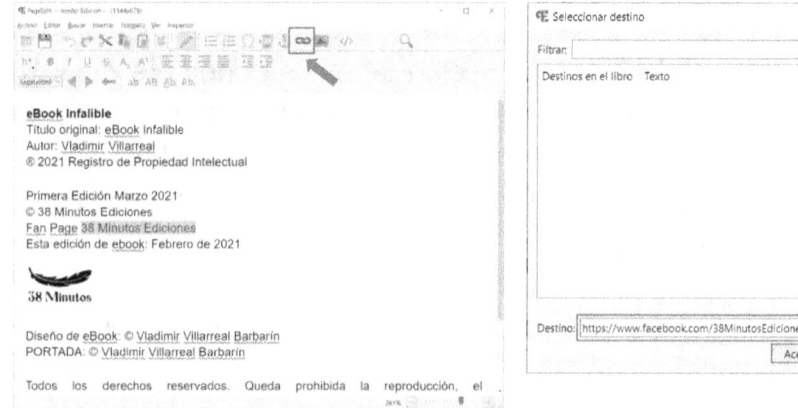

Figura 108.

24.2. Notas de pie de página

Esta parte es más complicada que cuando agregamos una nota de pie de página o una nota final del libro en el Microsoft Word, requiere de agregar una línea de código tanto a la nota final como al número con formato superíndice que nos llevará hasta la nota.

24.2.1. Hoja de Notas

Lo primero será crear un archivo «.xhtml» nuevo que será nuestra hoja de notas. En el ejemplo que yo mostraré será una página en la que se muestra la traducción al idioma español de unas frases en idioma polaco que aparecen dentro de los capítulos de una novela. A este archivo le llamaré «Traducciones.xhtml».

Dentro copiaré mis traducciones, las cuales citaré enumeradas, como se muestra en la Figura 109.

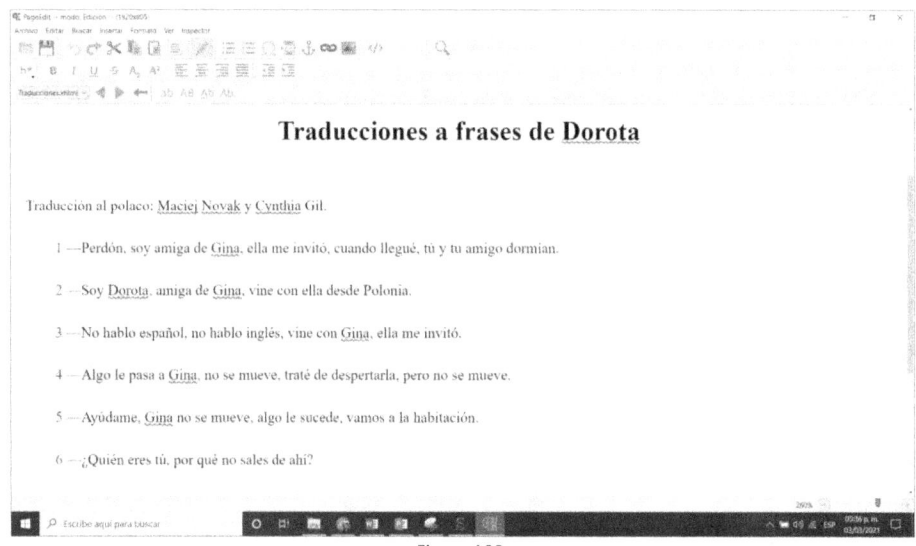

Figura 109.

En la ventana de códigos HTML, nuestra lista se vería de la siguiente manera:

<p>1 —Perdón, soy amiga de Gina, ella me invitó, cuando

llegué, tú y tu amigo dormían.</p>

<p>2 —Soy Dorota, amiga de Gina, vine con ella desde Polonia.</p>

<p>3 —No hablo español, no hablo inglés, vine con Gina, ella me invitó.</p>

Lo primero que haremos es agregarle una etiqueta a cada frase, la etiqueta será como se muestra a continuación:

<div id="sdendnote1"></div>

<div id="sdendnote2"></div>

<div id="sdendnote3"></div>

La frase con la etiqueta deberá quedar de la siguiente manera:

<div id="sdendnote1">

<p>1 —Perdón, soy amiga de Gina, ella me invitó, cuando llegué, tú y tu amigo dormían.</p>

</div>

<div id="sdendnote2">

<p>2 —Soy Dorota, amiga de Gina, vine con ella desde Polonia.</p>

</div>

<div id="sdendnote3">

<p>3 —No hablo español, no hablo inglés, vine con Gina, ella me invitó.</p>

</div>

Por lo pronto ya tenemos nuestras notas a las que nos vamos a dirigir, ahora debemos crear los números que estarán relacionados con estas notas, los cuales los encontraremos como hipervínculos dentro de nuestro cuerpo de Texto.

24.2.2. Superíndice en Sigil

Lo común es que cuando tenemos una nota de pie de página o nota al final del libro, ésta la mandemos llamar desde una letra o un número, y este número regularmente nos lo encontramos flotando a un nivel por encima de la línea de los demás caracteres, a esto le llamamos Superíndice.

El siguiente paso es marcar una relación entre el número de la nota a la cual nos dirigiremos y nuestro hipervínculo con superíndice: en este caso la traducción al idioma español de la sección de **Traducciones** con la frase en Polaco que se encuentra en el capítulo.

Localizaré y copiaré la frase en Polaco dentro de nuestro libro:

<p>—Przepraszam, jestem kolezanką Giny, zaprosiła mnie, a kiedy przyszłam, ty i twój kolega spaliście.</p>

Ahora agregaremos el número que corresponda a su respectiva traducción:

<p>—Przepraszam, jestem kolezanką Giny, zaprosiła mnie, a kiedy przyszłam, ty i twój kolega spaliście.1</p>

Lo que haremos a continuación es dar el formato de superíndice, para lo que le agregaremos la etiqueta <sup></pup> al número 1: <sup>1</pup>

<p>—Przepraszam, jestem kolezanką Giny, zaprosiła mnie, a kiedy przyszłam, ty i twój kolega spaliście. <sup>1</pup></p>

Lo que acabamos de hacer es solo para que el número uno esté flotado, más no es un hipervínculo aún.

24.2.3. Hipervínculo

Ahora vayamos al editor PageEdit y seleccionemos el número en superíndice (Figura 110).

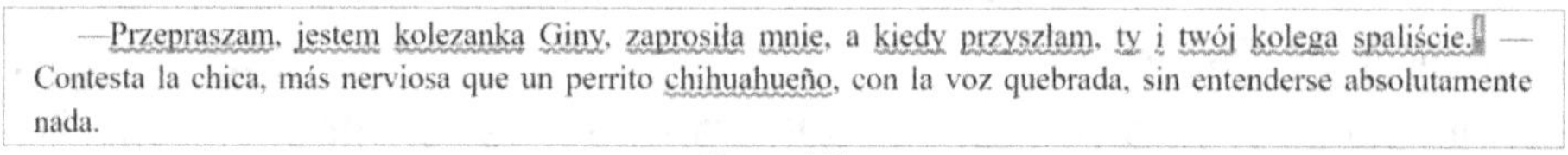

—Przepraszam, jestem kolezanka Giny, zaprosiła mnie, a kiedy przyszłam, ty i twój kolega spaliście. — Contesta la chica, más nerviosa que un perrito chihuahueño, con la voz quebrada, sin entenderse absolutamente nada.

Figura 110.

De la misma manera como lo hicimos con el hipervínculo a sitios externos, iremos al botón de los hipervínculos, mientras tenemos seleccionado el número (Figura 111).

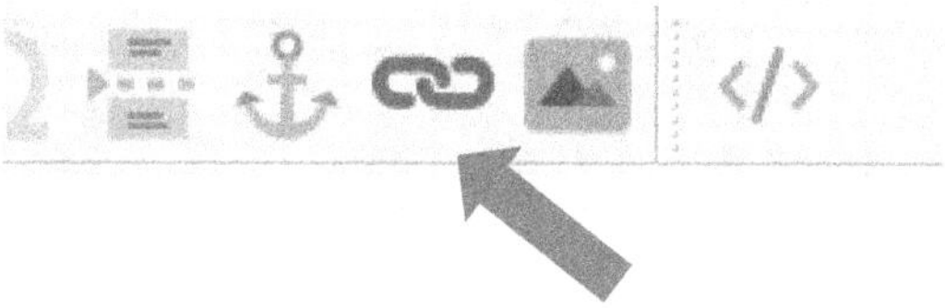

Figura 111.

En esta ocasión nos aparecerá dentro del cuadro las líneas que de antemano les dimos la etiqueta <div id="sdendnote#"></div> (Figura 112).

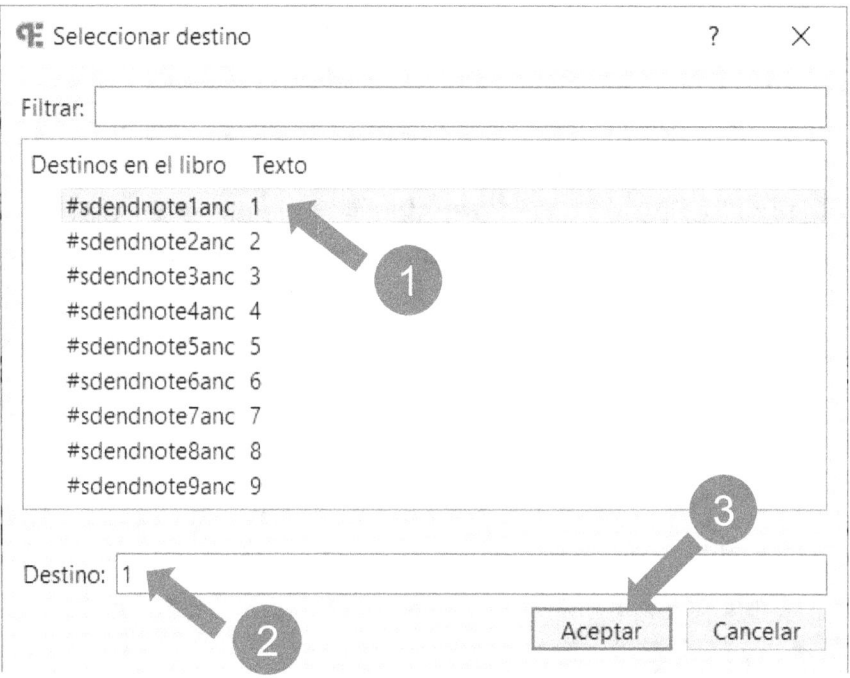

Figura 112.

Siguiendo estos pasos, nuestro número superíndice quedará relacionado con la nota deseada por medio de una nueva etiqueta de referencia que nos aparecerá, la cual marco sombreada en la línea del código HTML, que deberá lucir de la siguiente manera:

<p>—Przepraszam, jestem kolezanką Giny, zaprosiła mnie, a kiedy przyszłam, ty i twój kolega spaliście.<a class="sdendnoteanc" href="#sdendnote1anc" id="sdendnote1anc">¹</a>

De esta manera tenemos nuestras notas de pie de página.

25. Comprobación de errores

Ya solo nos falta poner la cereza del pastel, ya habiendo formado nuestras secciones que conforman nuestro archivo ePub con innumerables estilos, clases y demás instrucciones más propias de un programador o de un desarrollador de páginas web, lo único que queda por realizar es una comprobación de errores, esto se hace por medio de la opción «Comprobar ePub», la cual se encuentra también dentro del menú «Herramientas» (Figura 113).

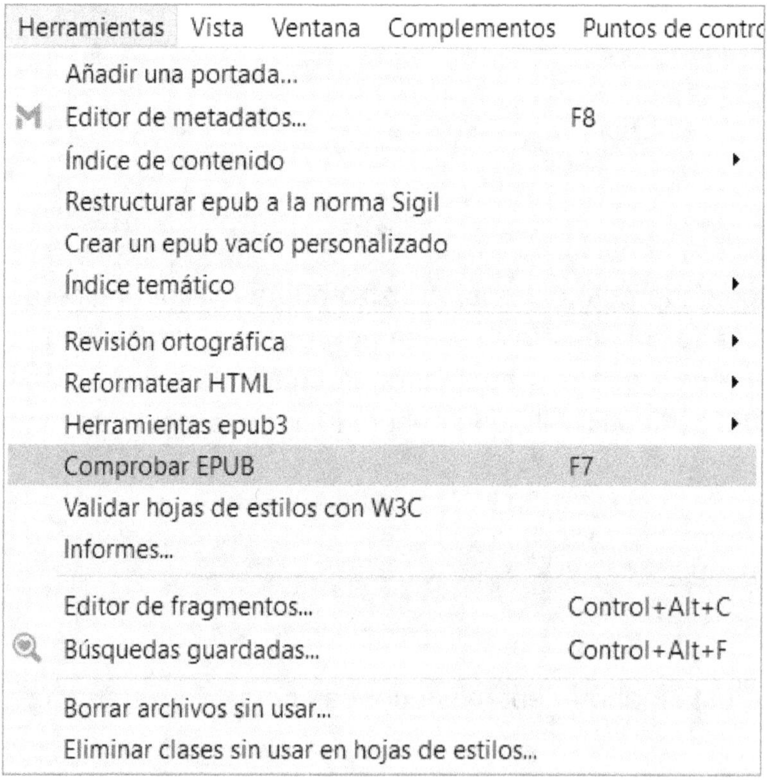

Figura 113.

¿Qué es lo que buscamos con esta opción? Únicamente la certeza de que nuestro ebook fue realizado correctamente, el hecho de que el resultado nos arroje la leyenda «¡No se encontró ningún problema!», nos dará la confianza de que nuestro libro se podrá ver sin problemas en los distintos dispositivos en los que se reproduzca (Figura 114).

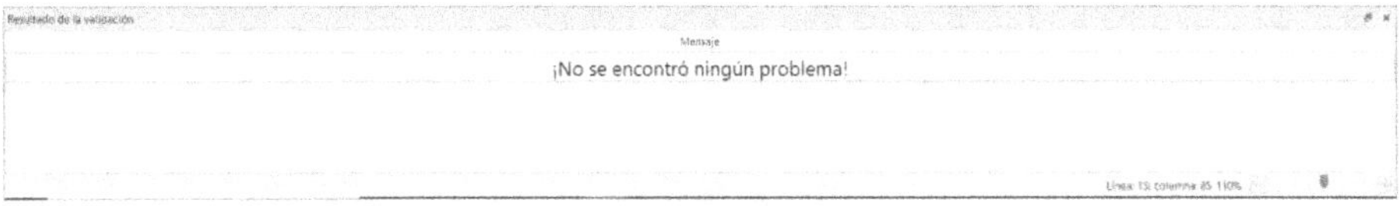

Figura 114.

26. Todo un editor de ebooks

Si lograste llegar hasta aquí, siguiendo en el orden mostrado todos los capítulos que en esta guía se presentan, y mejor aún, lograste comprobar de uno en uno los diferentes métodos que comparto para crear un ebook, de tres maneras diferentes: con Microsoft Word, con Kindle Create y con Sigil. Ya solamente me resta decirte:

¡Felicidades!

Ya eres un *maquetador* de libros electrónicos.

Tercera Parte:

Maquetando un libro para formato impreso de Amazon

27. Libro impreso con tapa blanda

Además del libro en formato digital, Amazon es una plataforma en donde los escritores independientes pueden subir una maqueta de su libro para que este sea impreso y vendido bajo demanda en cantidades de menudeo, desde una sola unidad.

A diferencia del libro electrónico, en el que prescindimos de algunos elementos con los que cuenta un libro impreso y que ya vimos en el capítulo 5. «Elementos de un libro», en un libro maquetado con fines de impresión si debemos tomar en cuenta todos sus partes, a continuación se citan los elementos en los que debemos trabajar para su maquetado:

Partes externas:

- Cubierta
- Lomo
- Contraportada

Partes internas:

- Hoja de cortesía (página blanca por ambas caras)
- Anteportada
- Portada
- Página legal
- Dedicatoria o agradecimientos (o ambos)
- Cuerpo del libro
- Biografía o Acerca del autor
- Índice (en caso de que aplique)

Pero antes de seguir adelante hay que recordar que no estamos tratando con un libro cuyo texto se va a adaptar a varios tamaños de pantalla, sino que debemos establecer un tamaño de página y acomodar los elementos antes mencionados en un tamaño que será la presentación con la que siempre contará nuestro libro.

27.1. Formatos estándar de Amazon

En la siguiente figura se muestran los tamaños o formatos de libro que maneja Amazon como estándar, aunque siempre presenta como configuración inicial el tamaño 15.24 x 22.86 cm (6x9 pulgadas), hay que tomar en cuenta la extensión de nuestro escrito para seleccionar el tamaño que mejor convenga, ya que el tamaño que da por predefinido es grande y no favorece a novelas cortas o libros con poco contenido, ya que los haría ver más como revistas que como libros.

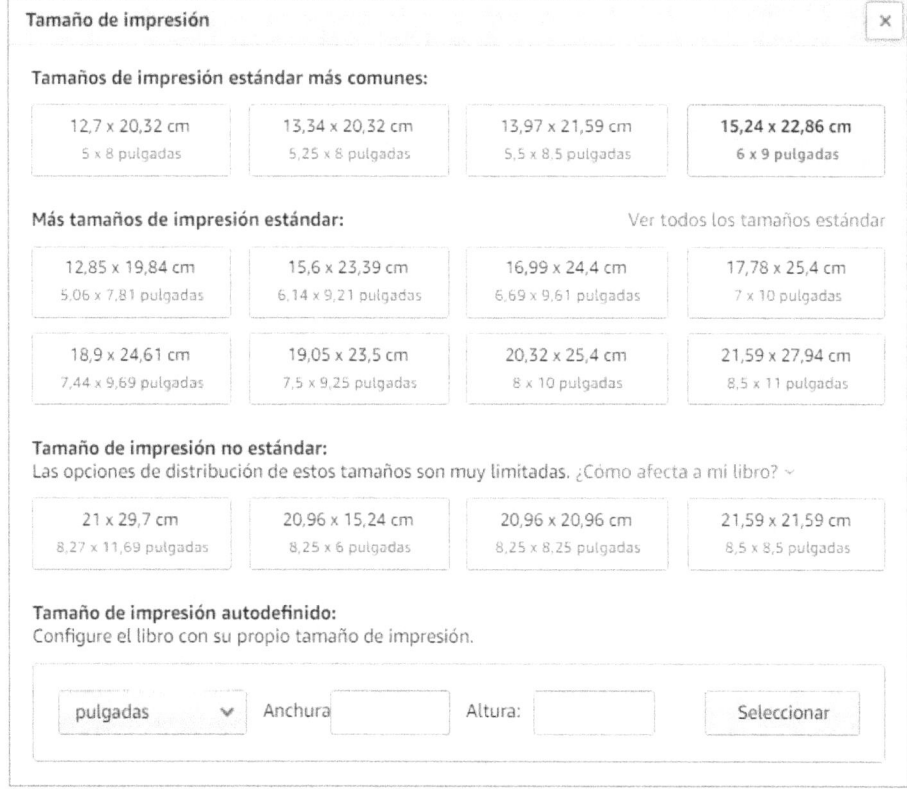

Figura 115.

Ya que tengamos en claro el tamaño que deseamos o que mejor convenga para nuestro libro. Como ya tenemos maquetado nuestro ebook, siguiendo los pasos que aprendimos en la primera parte de esta guía, será más sencillo, ya que en lugar de partir de cero partiremos de un libro ya avanzado.

Procederemos a abrir nuestro ebook y comenzaremos definiendo el tamaño de la página.

28. Diseño de página

Para efectos del ejercicio, elegiremos el tamaño de libro 13.97 x 21.59 cm (5.5 x 8.5 pulgadas) o media carta, como también se le conoce, que es un tamaño grande, pero que a la vez encontramos mucho en libros de novelas y cuentos.

Figura 116.

Vayamos al menú DISEÑO DE PÁGINA > Tamaño > Más tamaños de papel.

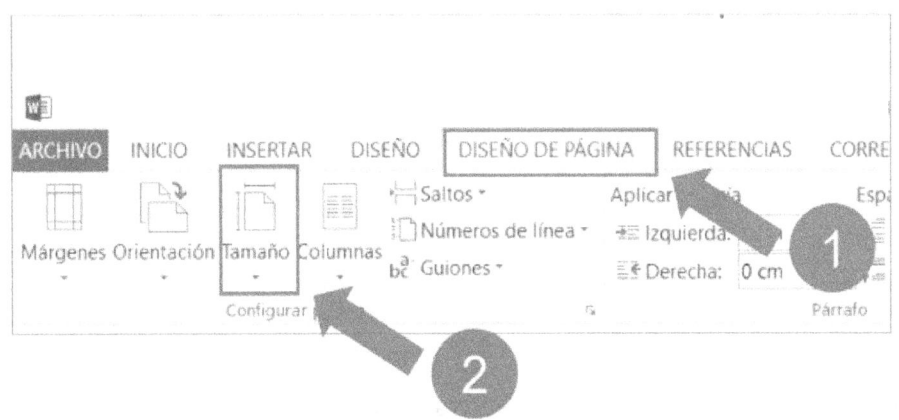

Figura 117.

En el cuadro de Tamaño de papel configuraremos las medidas de la página que deseamos. Por lo que daremos un tamaño de página de 14.29 x 22.23 cm, es decir, 0.32 cm más ancho y 0.64 cm más alto, que es el espacio que se destina al recorte y emparejado del libro, en automático se pondrá en Tamaño personal, asegurándonos de que ese tamaño quede para Todo el documento, como se muestra en la Figura 118.

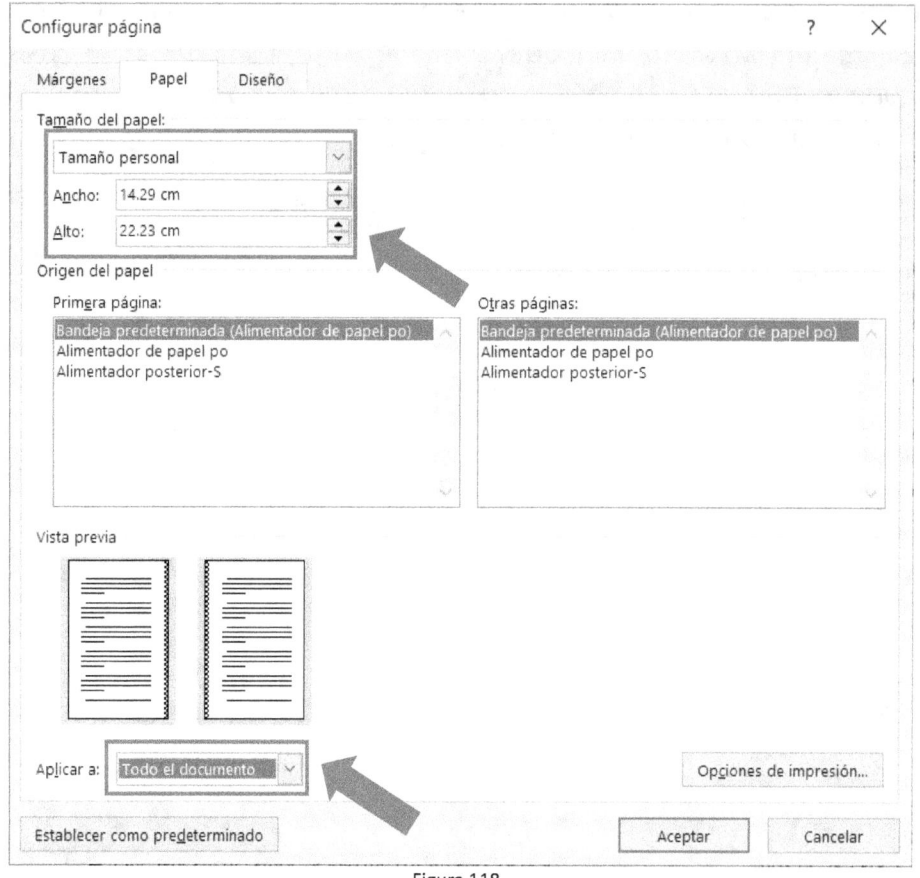

Figura 118.

28.1. Márgenes y encuadernación

Ahora configuraremos los márgenes en el mismo menú, DISEÑO DE PÁGINA > Márgenes > Márgenes personalizados (Figura 119).

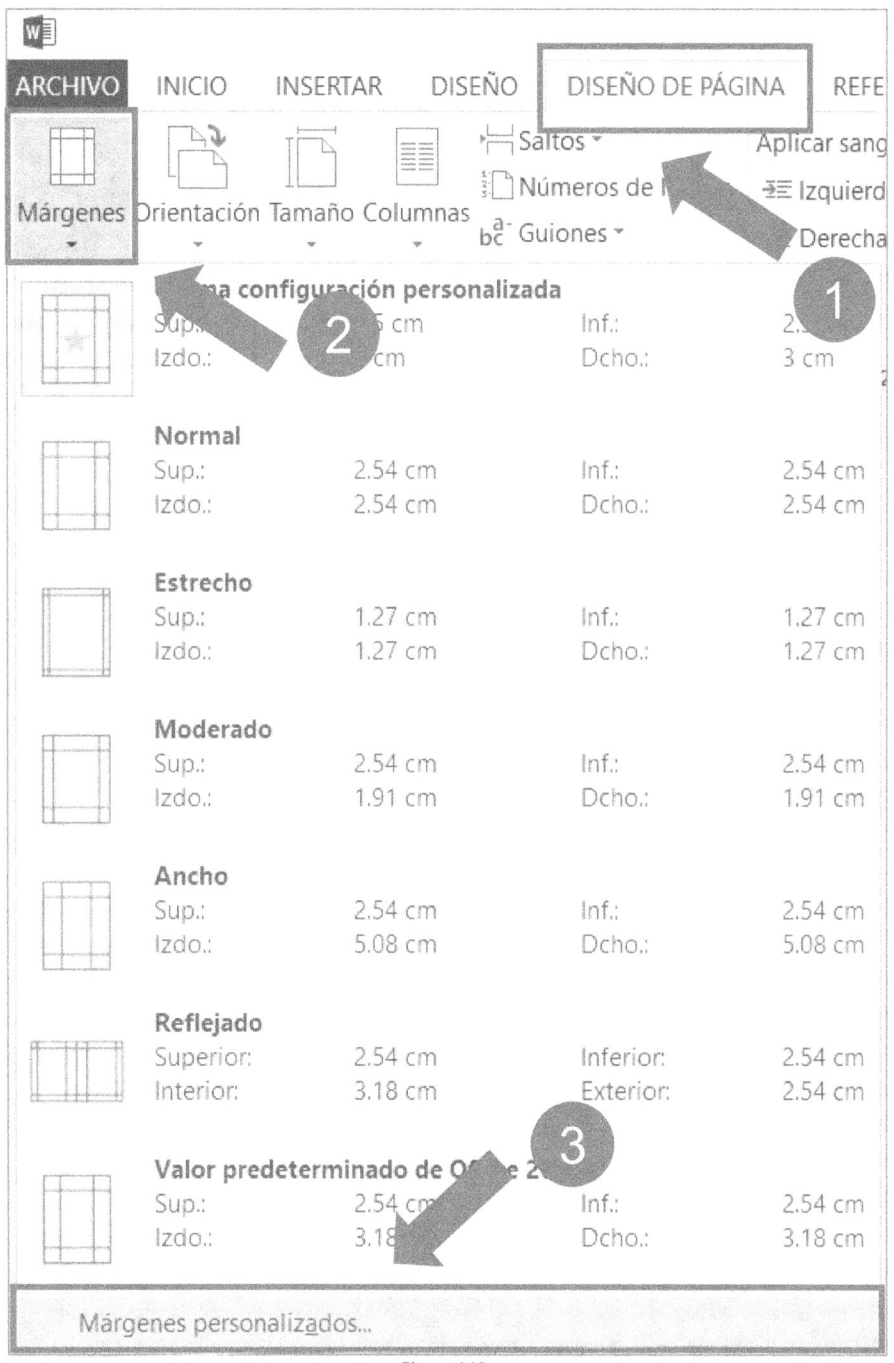

Figura 119.

Los parámetros a considerar son: En donde dice varias páginas seleccionamos la opción «Márgenes simétricos», margen superior e inferior a 2.82 cm (0.32 cm de recorte en cada uno); margen interior a 1.8 cm y exterior a 2.1 cm (en el margen exterior es en donde iría el recorte); Encuadernación 0.6 cm. Este último se refiere al espacio en donde se pegan las hojas al libro, y que si no pusiéramos este espacio extra muy probablemente el cuadro de texto de nuestro libro quedaría visiblemente más cargado hacia el centro.

Por último nos aseguramos de estar aplicando estos márgenes a todo el documento (Figura 120).

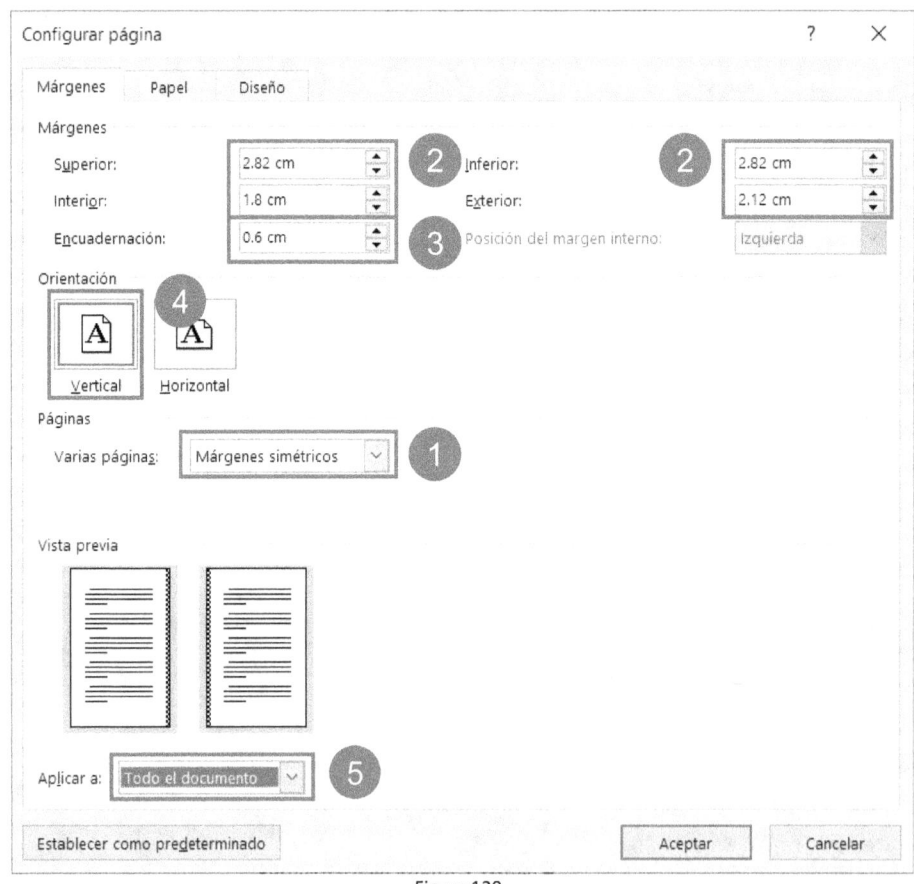

Figura 120.

29. Elementos de un libro de tapa blanda de Amazon

29.1. Página de cortesía

La página de cortesía o de respeto de un libro es aquella primera página, justo en seguida de la cubierta, la cual siempre está en blanco, la razón principal del porqué se usan estas páginas tiene varias teorías, la principal es la de proteger las primeras páginas de un libro en caso de un *despaste*, aunque algunos opinan que, a partir de que las guardas o cubiertas comenzaron a tener dibujos llamativos y coloridos, se necesitó colocar una hoja en blanco que sirva de transición entre lo colorido y lo serio de la portada.

Para realizar esta página, junto con su cara posterior, debemos insertar dos páginas en blanco desde el menú INSERTAR > Página en Blanco (Figuras 121 y 122).

Figura 121.

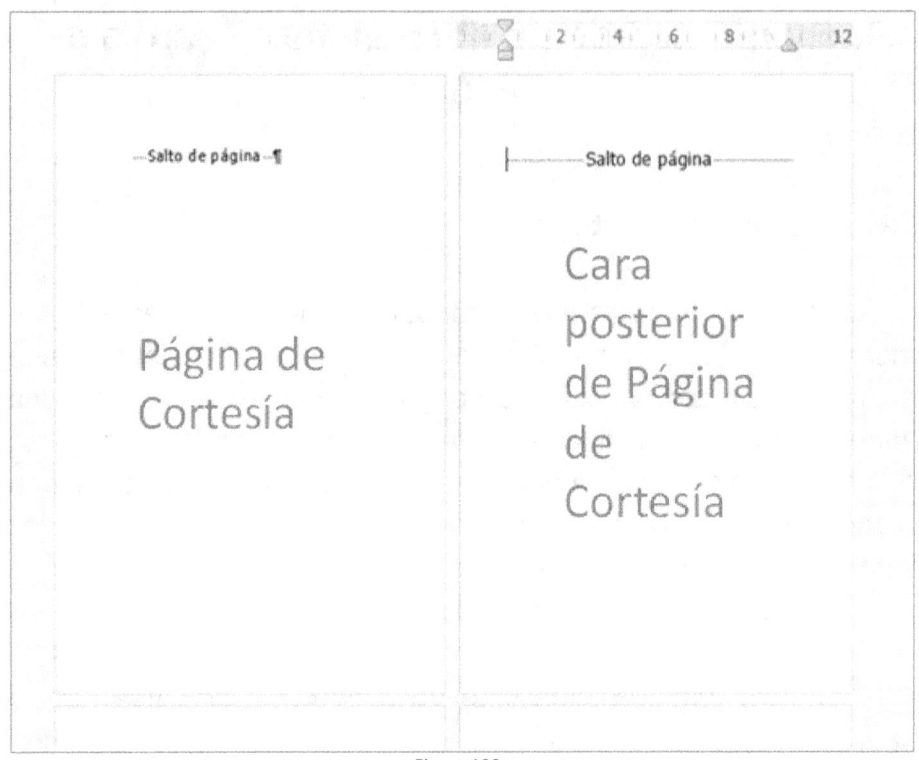

Figura 122.

29.2. Anteportada y portada

La anteportada o portadilla es una página que se encuentra entre la página de cortesía y la portada del libro, esta regularmente solo lleva impresa la cara frontal y es donde encontramos el título del libro (solamente el título, no lleva nombre del autor). Para realizar esta página copiaremos la portada que teníamos lista de nuestro ebook, solo que a la primera copia le debemos quitar el nombre del autor, nos debemos asegurar de que esta página esté en una página non (Figura 123).

La cara posterior de esta página la haremos insertando una página en blanco. Esta página en blanco debe ser una página par.

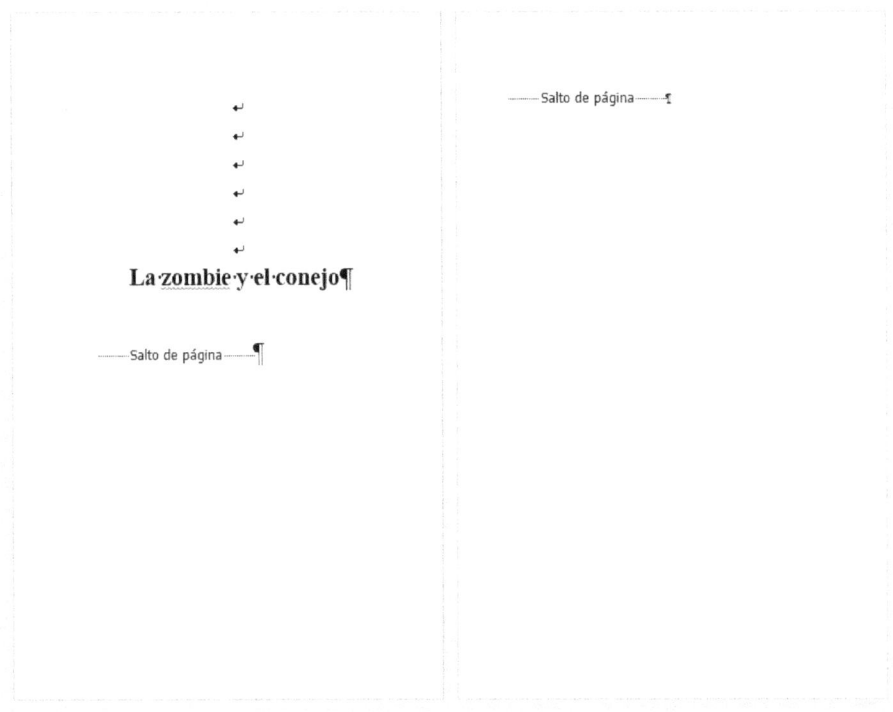

Figura 123

29.3. Portada de libro impreso

La portada es la página que contiene el título del autor y el título del libro, no hay un orden obligado en cuanto a cuál de estos títulos debe aparecer primero nos debemos asegurar de que esta página esté en una página non (Figura 124). La cara posterior de esta página será la página legal.

29.3.1. Título del Autor

Usaremos el estilo «Subtitulo» para el nombre del autor configuramos un tamaño de texto de 16 Pto en la tipografía en negrita, con la fuente de su preferencia, centrada con espaciamiento de 96 Pto anterior y 18 Pto posterior e interlineado sencillo (Figura 3.10).

29.3.2. Título del libro

Para el título del libro usaremos el estilo «Puesto», configuramos un tamaño de texto de 22 Pto en la tipografía en negrita, con la fuente de su preferencia, centrada con espaciamiento de 6 Pto anterior y 0 Pto posterior e interlineado sencillo (Figura 124).

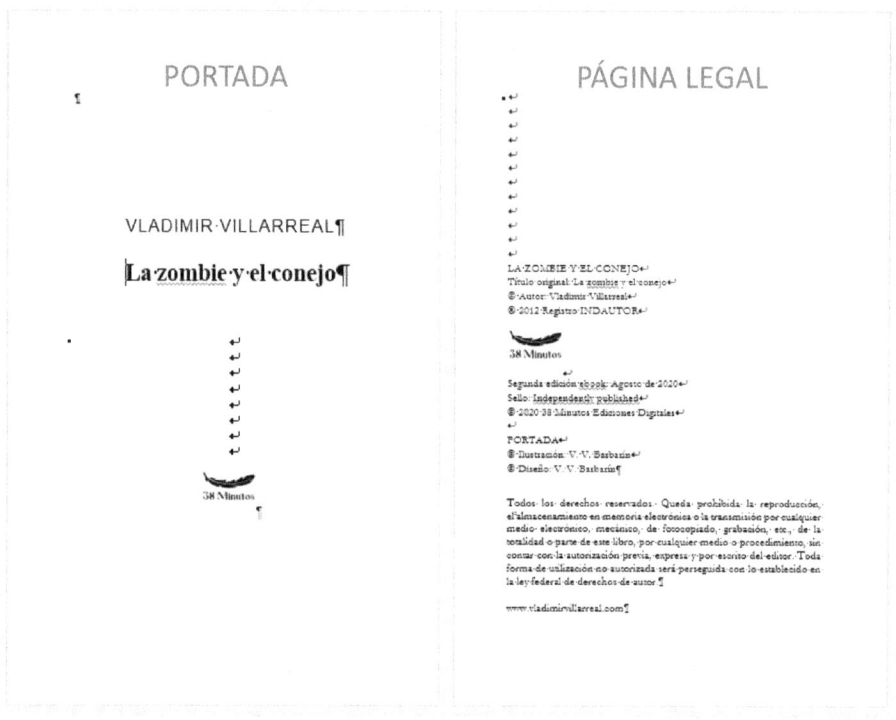

Figura 124.

Configuremos la portada, hay dos opciones comunes, una es citar primero el nombre del autor y debajo el nombre del libro, la segunda opción es citar primero el nombre del libro y después el nombre del autor, en líneas diferentes, de preferencia con tipografías diferentes. En lo personal me gusta poner una tipografía más grande y en negrita para el título del libro y una un poco más pequeña para el nombre del autor.

29.4. Página legal de libro impreso

La página legal ya se explicó en el capítulo 5.3 Página Legal de ebook, está página se colocará en seguida de la portada, nos debe quedar en una página par, se puede optar por cualquiera de las dos configuraciones que se muestran en el ejemplo de la Figura 125.

Para el maquetado la mejor opción sería crear un estilo de «Página legal», parecido al estilo «Normal» pero con tamaño de fuente 10 pto, alineado izquierdo o centrado, según el gusto, con espaciado de párrafo en bloques (6 Pto posterior) agrupando la información como nos muestra la Figura 125 en los dos ejemplos.

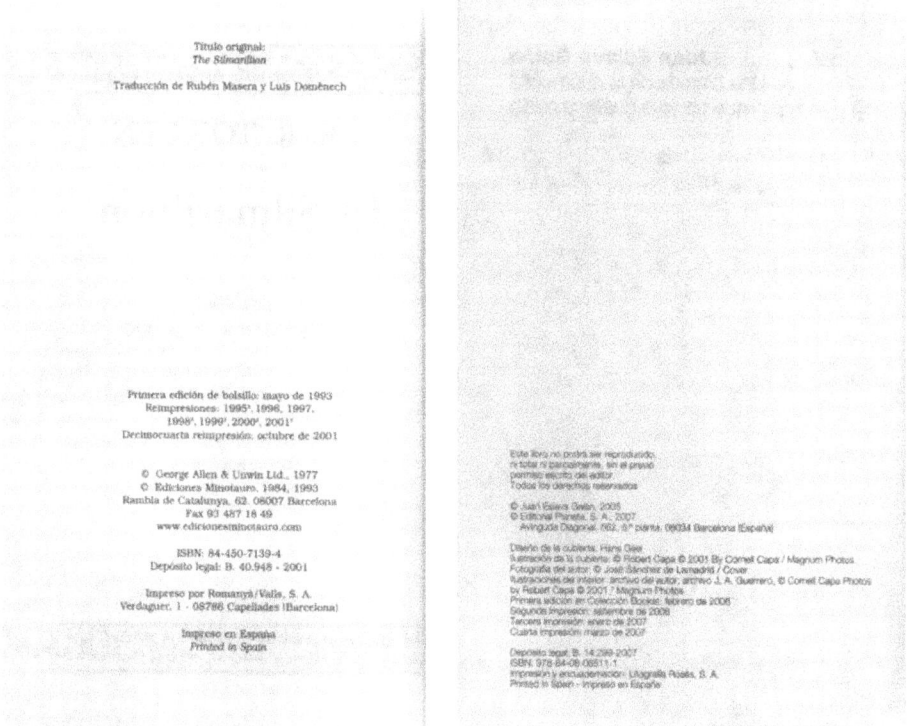

Figura 125.

29.5. Dedicatoria de libro impreso

Una dedicatoria es una nota breve y personal que escribe el autor en la que dedica su libro, haciendo mención especial, a una o a más personas. Puede ser también a un lugar, a la memoria de una persona fallecida o puede agradecer en esta a alguien, ya sea a algún colaborador por la ayuda brindada cotejando información, a su musa por la inspiración, a su familia por el simple hecho de existir y darle cada día la fortaleza para dar lo mejor de sí, un sinfín de cosas.

Para configurar este estilo crearemos el estilo «Dedicatoria» puede ser basado en el estilo «Normal», al cual le haremos algunas modificaciones. El formato típico para una dedicatoria es alineado a la derecha, con tipografía cursiva y en líneas cortas, pasando de línea dentro de la misma estrofa con las teclas «Shift + Enter». Asegurémonos de colocar la dedicatoria en una página non, seguida de la página legal (Figura 126).

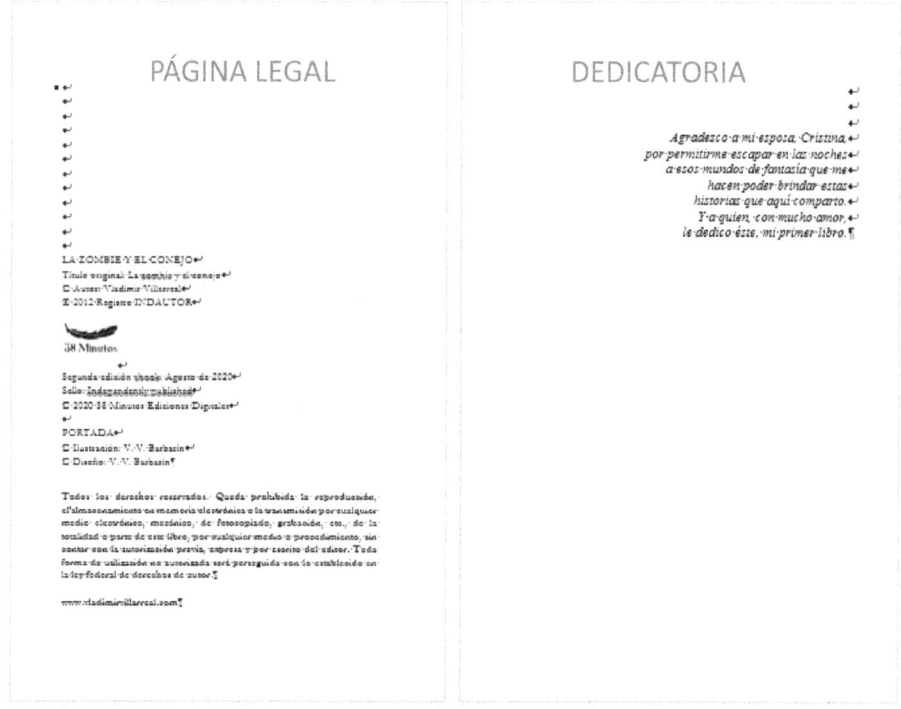

Figura 126.

29.6. Capítulos

29.6.1. Estilo de párrafo

Para crear el estilo de párrafo que va a predominar en nuestro libro aprovecharemos el estilo de párrafo que tenemos de nuestro ebook ya maquetado, el cual encontramos configurado como estilo «Normal», salvo que le hayamos puesto otro nombre. Lo siguiente que haremos es modificar la configuración del estilo «Normal», para dejarlo justo con el diseño que necesitamos para la mayor parte del cuerpo de nuestro libro y con el formato estándar de un libro impreso. Nos dirigimos a la paleta de estilos que se encuentra en nuestra barra de herramientas, colocamos el cursor sobre el estilo «Normal» y oprimimos el botón derecho de nuestro «mouse».

Escogeremos una de las tipografías más comunes que usan las imprentas para los libros de ficción, la más común y recomendable es «Garamond», otras que se verían muy bien por ser letras del tipo Serif son «Baskerville Old Face», «Bookman Old Style», «Book Antiqua» y «Times new Roman».

El tamaño de la fuente será de 11 o 12 Pto, con un interlineado de 1.1, 1.15 o 1.2, para definir el interlineado hay que jugar con el número final de páginas o el alineado de la última línea de la mayoría de las páginas, ya que el control automático de líneas viudas (última línea de un párrafo suelta al principio de una página) o huérfanas (primera línea de un párrafo suelta al final de una página) puede causarnos un efecto estético un algo desagradable en el alineado de la última línea de algunas páginas consecutivas.

El alineado de los párrafos, de la misma manera como lo hicimos con el ebook, sería justificado (Figura 127).

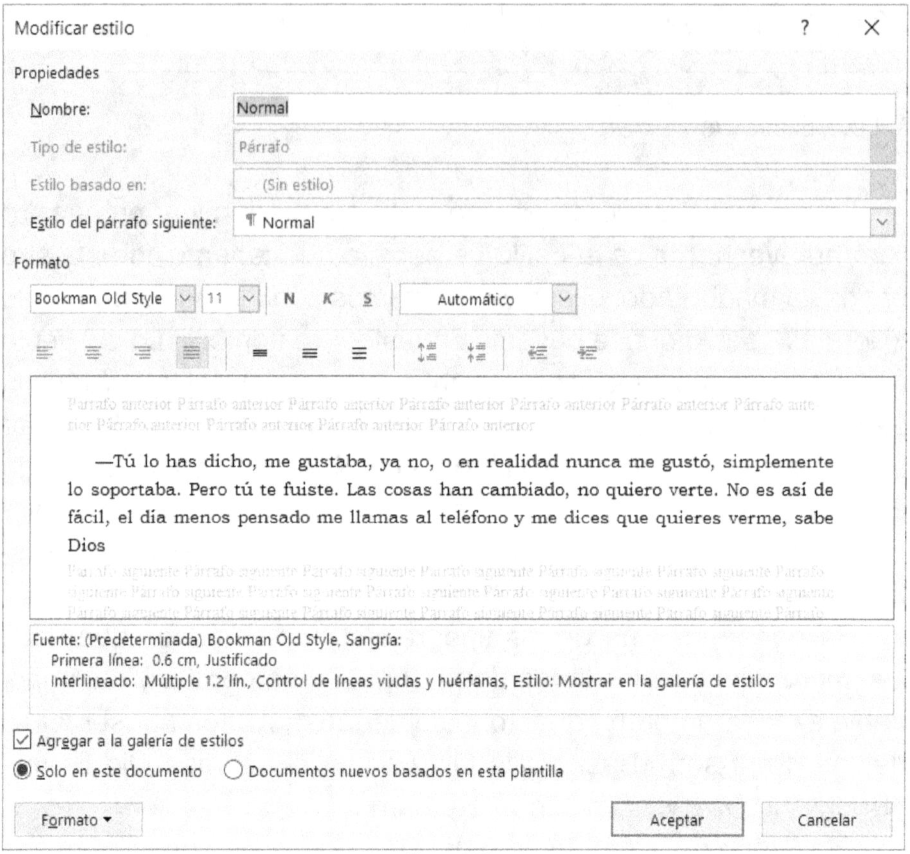

Figura 127.

29.6.2. Letra Capital

Para la versión impresa de nuestro libro podemos optar por manejar la letra capital resaltando el diseño de la primera letra que encontramos en el primer párrafo de cada capítulo.

Para colocar una letra capital tenemos que seleccionar nuestro primer párrafo de cada capítulo y una vez seleccionado ir a Insertar > Letra Capital > En texto. De la misma forma en la que se explicó en el Capítulo 6 «Letra Capital».

29.6.3. Guiones automáticos

Para solucionar el problema de los espacios grandes y desagradables que se crean entre las palabras con el alineado justificado, es necesario complementar este alineado con guiones que nos servirán para separar palabras por sílabas y así dar cabida a unos cuantos caracteres más en cada línea. Esto le dará más profesionalismo a nuestro formato, ya que también es la manera en la que se ajustan las líneas en los libros impresos.

Para habilitar los guiones tendremos que ir a la barra de herramientas «Disposición» o «Diseño de página» (el nombre de este menú puede variar conforme a la versión de Word instalada) y desplegar el menú «Guiones», de entre las opciones que nos muestra marcaremos como predefinida la opción «Automático» (Figura 128).

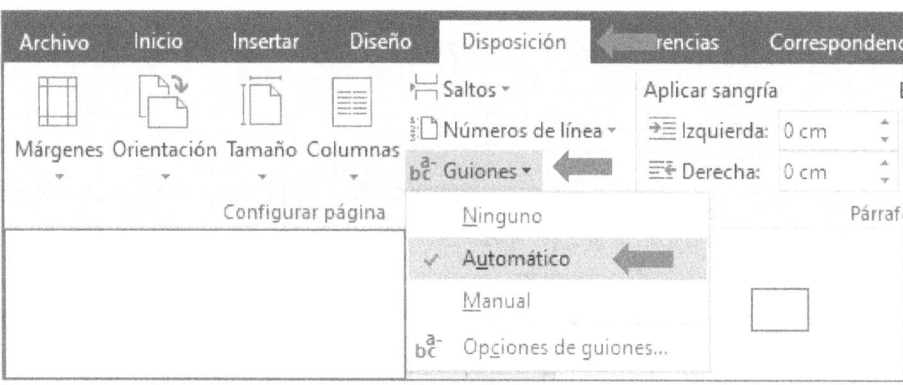

Figura 128.

Con esta opción tendríamos nuestras líneas cortadas con guiones, separando las palabras que no cabrían completas hasta la última sílaba completa que quepa en la línea, haciendo un ajuste de alineado mínimo. Pero hay un detalle que debemos cuidar y es que no nos queden muchas líneas seguidas terminando en guiones, creando un alineado vertical de guiones, esto también se vería muy mal.

La cantidad máxima de líneas seguidas terminadas en guiones que se acepta como estándar en los libros es de tres líneas, este límite de guiones deseados también lo podemos configurar a que se ajuste en automático, para eso iremos de nuevo a DISEÑO DE PÁGINA > Guiones > Opciones de Guiones > Limitar guiones consecutivos, estableceremos la cantidad máxima de dos o tres guiones como muestra la Figura 129.

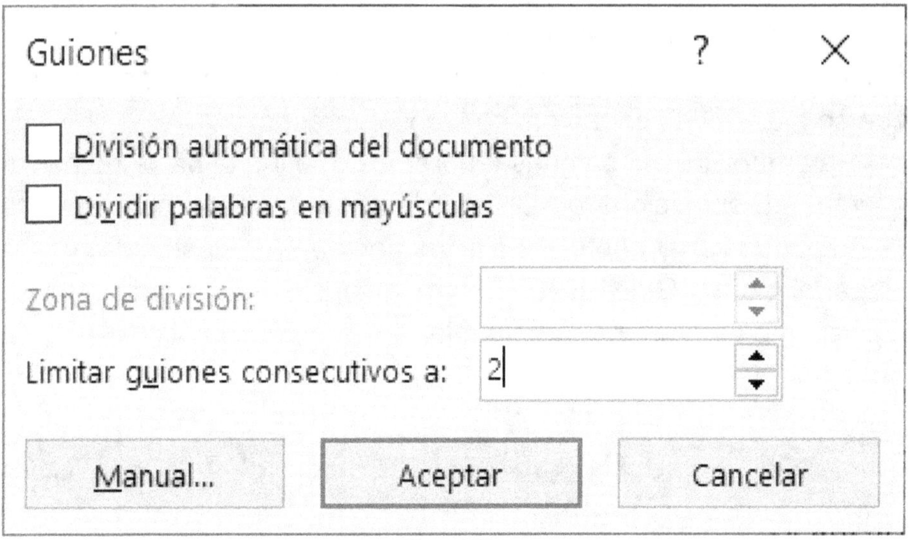

Figura 129.

De esta manera habríamos terminado de configurar un formato predefinido para el estilo de párrafo «Normal», que corresponde a la mayor parte del texto que tendrá nuestro libro impreso. Recordemos que somos libres de probar con configuraciones propias y que en esta guía solo se sugieren los parámetros que se considera que pudieran dar un formato ordenado y agradable a la vista a nuestro libro impreso, pero que siempre estarán sujetos a posibles mejoras. Sabemos que hasta en las recetas de cocina hay quienes le dan más sazón a un platillo, igualmente en la maquetación de un libro, solo es cuestión de aprender a configurar los estilos y conforme los vayamos dominando podremos darle mayor calidad al resultado final.

La ventaja que nos ofrece poder ajustar el formato desde el cuadro de configuración de cada estilo predefinido es que, al realizar un cambio en dicho estilo, éste se haría de manera automática para todos los párrafos del mismo tipo que existen en nuestro documento.

29.6.4. *Encabezado de capítulos*

Para el formato de los títulos de cualquier nivel regresaremos a revisar los parámetros seleccionados en el Capítulo 7 «Títulos de Secciones» (Figura 130).

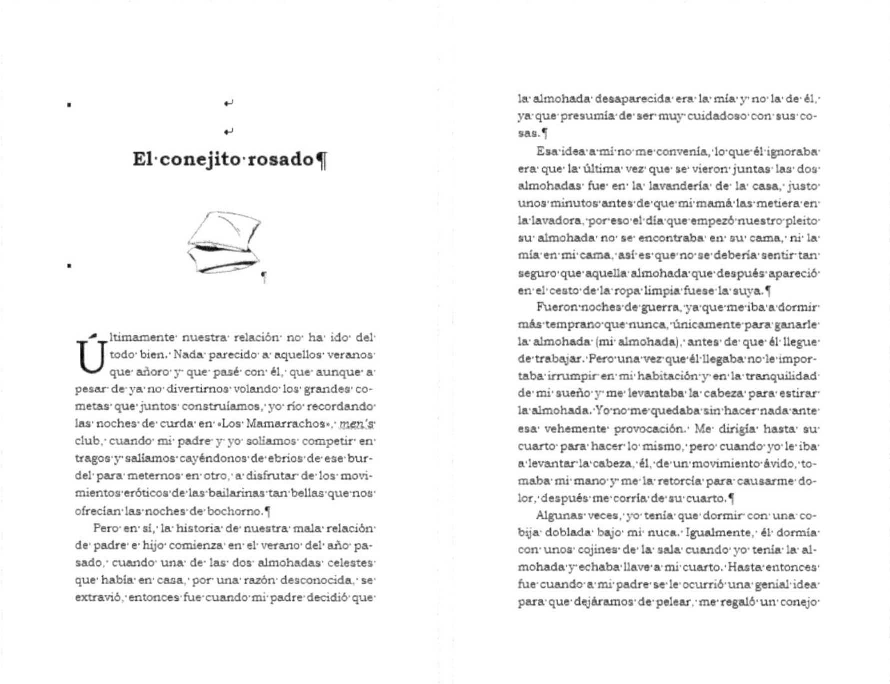

El conejito rosado

Últimamente nuestra relación no ha ido del todo bien. Nada parecido a aquellos veranos que añoro y que pasé con él, que aunque a pesar de ya no divertirnos volando los grandes cometas que juntos construíamos, yo río recordando las noches de curda en «Los Mamarrachos», *men's* club, cuando mi padre y yo solíamos competir en tragos y salíamos cayéndonos de ebrios de ese burdel para meternos en otro, a disfrutar de los movimientos eróticos de las bailarinas tan bellas que nos ofrecían las noches de bochorno.

Pero en sí, la historia de nuestra mala relación de padre e hijo comienza en el verano del año pasado, cuando una de las dos almohadas celestes que había en casa, por una razón desconocida, se extravió, entonces fue cuando mi padre decidió que la almohada desaparecida era la mía y no la de él, ya que presumía de ser muy cuidadoso con sus cosas.

Esa idea a mí no me convenía, lo que él ignoraba era que la última vez que se vieron juntas las dos almohadas fue en la lavandería de la casa, justo unos minutos antes de que mi mamá las metiera en la lavadora, por eso el día que empezó nuestro pleito su almohada no se encontraba en su cama, ni la mía en mi cama, así es que no se debería sentir tan seguro que aquella almohada que después apareció en el cesto de la ropa limpia fuese la suya.

Fueron noches de guerra, ya que me iba a dormir más temprano que nunca, únicamente para ganarle la almohada (mi almohada), antes de que él llegue de trabajar. Pero una vez que él llegaba no le importaba irrumpir en mi habitación y en la tranquilidad de mi sueño y me levantaba la cabeza para estirar la almohada. Yo no me quedaba sin hacer nada ante esa vehemente provocación. Me dirigía hasta su cuarto para hacer lo mismo, pero cuando yo le iba a levantar la cabeza, él, de un movimiento ávido, tomaba mi mano y me la retorcía para causarme dolor, después me corría de su cuarto.

Algunas veces, yo tenía que dormir con una cobija doblada bajo mi nuca. Igualmente, él dormía con unos cojines de la sala cuando yo tenía la almohada y echaba llave a mi cuarto. Hasta entonces fue cuando a mi padre se le ocurrió una genial idea para que dejáramos de pelear, me regaló un conejo

Figura 130.

30. Número de página y Secciones

Para colocar los números de página en un libro hay que tener en cuenta cuáles páginas sí van numeradas y cuáles no, ya que si tomamos un libro y lo hojeamos nos daremos cuenta de que las primeras páginas no tienen número y que el número empieza a partir de la página nueve u once. Para lograr colocar el número de página solo en las páginas deseamos tendremos que trabajar nuestro documento por secciones, es decir, páginas que no llevan número corresponden a una sección, y páginas que sí lo llevan corresponden a otra sección.

Para separar estas secciones debemos posicionar nuestro cursor en la última página no numerada. En la mayoría de los casos corresponde a la página en blanco que se encuentra como adverso de nuestra dedicatoria.

Una vez que tengamos el cursor en la primera línea de dicha página, haremos un Salto de sección, por lo que debemos ir a DISEÑO DE PÁGINA > Saltos > Página Siguiente (Figura 131).

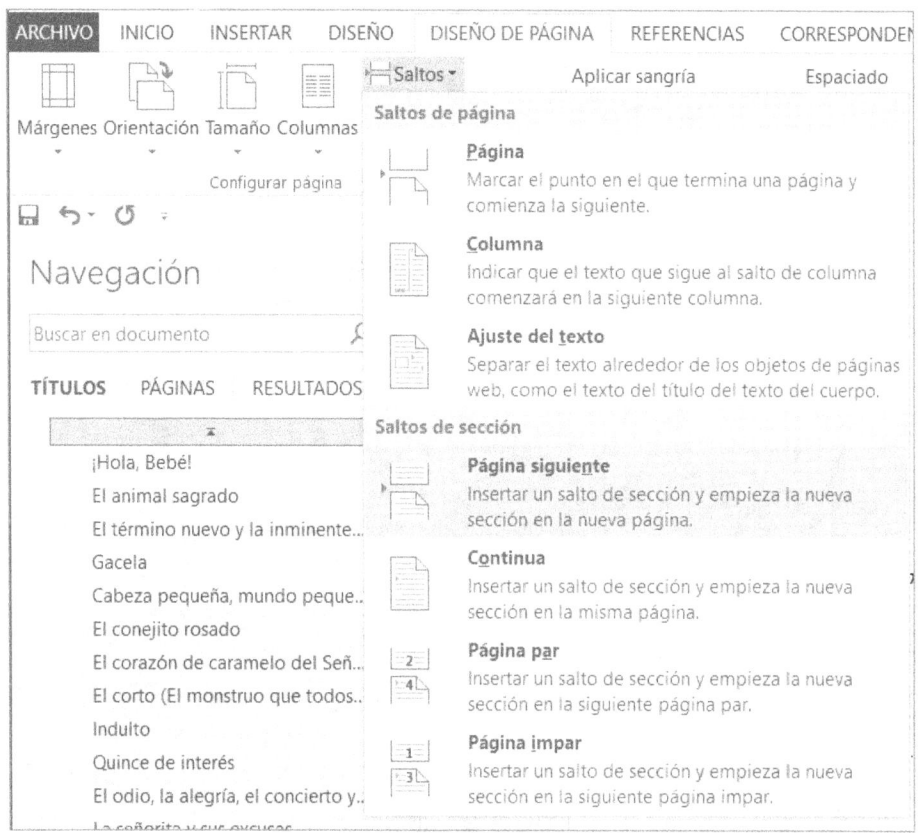

Figura 131

Nos debe aparecer una nota que dice Salto de sección (Figura 132).

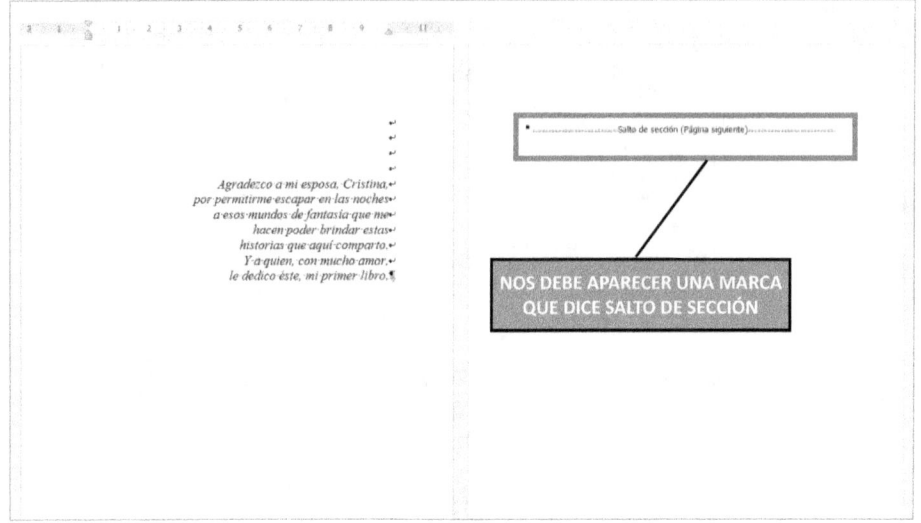

Figura 132.

El siguiente paso es desvincular las secciones. Haremos doble clic en el pie de página de la primera página que debe ir numerada, nos debe aparecer un margen que nos dice en cuál sección nos encontramos. Al mismo tiempo que nos aparece la barra de herramientas, la cual tiene habilitada la opción Vincular al anterior (Figura 133.)

Figura 133.

Debemos desvincular las secciones para que nuestro pie de página quede con una configuración independiente de la configuración de las demás secciones (Figura 134).

Figura 134.

Ya una vez desvinculadas, iremos de nuevo al pie de página de la primera página que debe ir numerada y desde el menú INSERTAR > Número de página > Final de página (Figura 135). El resultado esperado es que la sección desvinculada no tenga número de página.

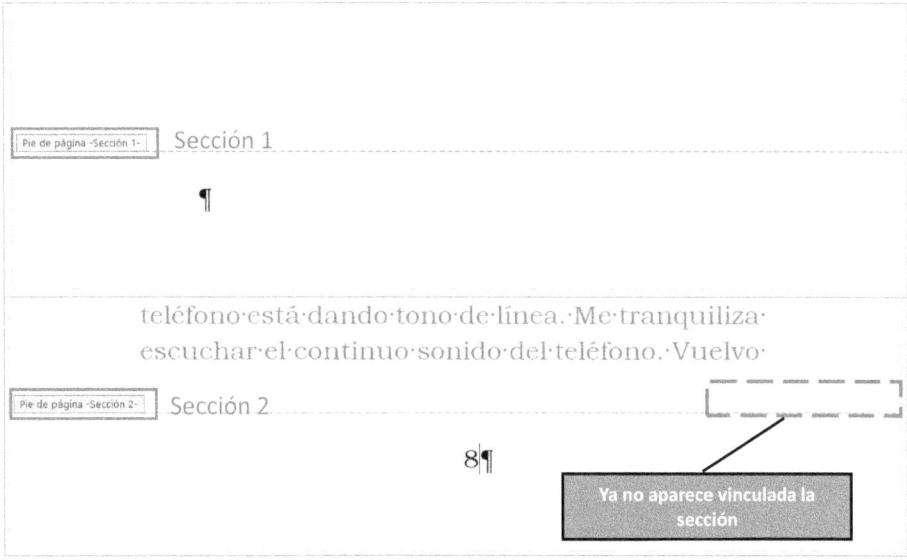

Figura 135.

Cuarta Parte (Bonus)

Corrección ortográfica y gramatical

31. Puliendo el manuscrito

Los errores ortográficos y gramaticales se pueden dar por diversas maneras, una es por la prisa por avanzar en nuestro manuscrito. Otra razón puede ser que nos concentramos en desarrollar la historia y los personajes que dejamos la parte de la ortografía y gramática en segundo término. Y la tercera razón, y muy común, falta de conocimiento en el lenguaje.

Si bien, el contenido de este manual es para aprender a maquetar un ebook, y no para volvernos escritores o garantizar muchas ventas de nuestros libros, debemos tomar en cuenta siempre la calidad del producto final que queremos ofrecer. Es muy importante tener muy bien revisado nuestro libro antes de publicarlo, la mejor opción siempre será contratar a un corrector profesional, pero si queremos pulirlo lo más posible antes de invertir en un corrector o antes de mostrarlo a algún colega, podemos valernos de algunas herramientas que están al alcance de la mano.

A continuación compartiré algunos trucos que yo empleo a la hora de corregir mis escritos, que sabemos de antemano que en el tema de las revisiones, los errores se reducen en cantidad, mas no se eliminan por completo. Sería muy pretencioso, por parte de un corrector, insinuar que se pueden eliminar por completo, incluso atreverse a garantizar dejar un libro completamente pulcro de errores.

31.1. Paso 1: Revisión de Microsoft Word

La primera instancia que tenemos al momento de escribir nuestro manuscrito y mientras lo maquetamos en Word, es la herramienta de revisión ortográfica del mismo procesador de texto donde escribimos, el simple hecho de tener como predeterminado un diccionario de idioma español, en automático nos irá subrayando en rojo las palabras que encuentre equivocadas y de igual manera nos subrayará en azul algunas frases que el programa considere, ya sea con alguna duda gramatical o de palabras homófonas. Esta corrección es gran parte manual, ya que hay que emplear parte de nuestro conocimiento de lenguaje para decidir si cambiamos la palabra u omitimos la corrección, por lo que la revisión en Word será solo el paso 1. Para Establecer el idioma iremos a Revisar > Idioma > Establecer Idioma de corrección > Español.

No profundizaremos demasiado en este tema, ya que el manejo de la revisión ortográfica de Word no tiene más ciencia que la de ir cambiando la palabra subrayada por la palabra sugerida u omitirla.

31.2. Paso 2: Revisión Manual de Muletillas

Al igual que cuando hablamos, al escribir también empleamos algunas muletillas o palabras que están de más, la mayoría de las veces somos conscientes de eso, en otras ocasiones no nos damos cuenta de que repetimos demasiado alguna frase o palabra hasta que llevamos a cabo una revisión profunda de manera manual, independientemente de que en nuestras múltiples revisiones debemos leer de nuevo nuestro escrito, la herramienta de búsqueda de nuestro procesador de texto nos puede facilitar la labor de corregir estos errores, ya sea eliminando palabras que están de más o cambiando alguna palabra muy repetida por algún sinónimo.

El siguiente paso es revisar, valiéndonos de la herramienta buscar (Ctrl B), las palabras o frases que de antemano ya sabemos que repetimos mucho. A continuación enlisto algunas frases y palabras que pudieran ser motivo de revisión manual:

«Y entonces». Quizás esta frase funcione si nos encontramos contándole alguna anécdota de viva voz a un amigo, pero tratándose de una obra de ficción escrita, repetida muchas veces, pudiera restarle el sentido literario.

«Y de repente». No estoy diciendo que esta frase debamos quitarla de tajo, sino que no deberíamos estar diciéndola en cada párrafo. Podemos teclear la frase en la herramienta de búsqueda y ver qué tanto nos aparece, y si están muy juntas unas de otras podemos eliminar algunas y a otras buscarles alguna frase con idea afín.

«De que» y «que». Poner en el cuadro de búsqueda las palabras «de que» nos ayuda a analizar nuevamente las frases y optar por si se queda así o se cambia por un simple «que».

«Y así». Esto es muy similar al «entonces», es una muletilla que pudiera sonar falta de sentido literario, no se trata tampoco de contar las cosas de la manera en la que la mayoría de las personas hablan en la calle, si realmente fuera así, todos seríamos escritores. Buscar esta muletilla nos ayuda a ver si realmente la empleamos y podemos reemplazarla o prescindir de ella la mayoría de las veces sin problema.

«Y eso», esta muletilla se escucharía mejor como un simple «eso». Leer en voz alta puede ser una buena herramienta para darnos cuenta cómo se escucharía todo aquello que pensado creemos que suena bien.

«Por qué», «por que», «porque» y «porqué». Debemos buscar una por una las cuatro variantes en el cuadro de búsqueda, pero antes de esto debemos ir al buscador de Google y buscar qué nos dicen los sitios de ortografía o diccionarios acerca de los diferentes usos que tienen estas palabras o esta palabra. Solo nosotros que escribimos el libro sabemos qué era lo que pretendíamos decir, una vez sabiendo las diferencias o con el manual de su uso a un lado podemos proceder a validar o corregirla dependiendo de la frase en la que lo hayamos empleado. En estas frases en especial notaremos que el corrector siempre nos las subrayará en azul.

Exactamente lo mismo que dijimos en el párrafo anterior aplica para las siguientes palabras homófonas:

- «Cómo» y «como».
- «Qué» y «que».
- «Cuándo» y «cuando».
- «Cuánto» y «cuanto».
- «Dónde» y «donde».

- «Aún» y «aun».
- «Sólo» y «solo». La tilde es innecesaria según la norma actual.
- «Sí» y «si».
- «Mí» y «mi». Si es utilizado como pronombre lleva tilde. Si es un posesivo o un nombre, se escribe sin tilde.
- «Más» y «mas». Si no equivale a «pero» o «sino», se escribe con tilde.
- «Éste» y «este». La tilde es innecesaria según la norma actual. Se puede usar en caso de ambigüedad.
- «Ésta» y «esta». La tilde es innecesaria según la norma actual. Se puede usar en caso de ambigüedad.
- «Ése» y «ese». La tilde es innecesaria según la norma actual. Se puede usar en caso de ambigüedad.
- «Ésa» y «esa». La tilde es innecesaria según la norma actual. Se puede usar en caso de ambigüedad.
- «Sí» y «si».
- «Tú» y «tu». El pronombre personal «tú» lleva tilde.
- «Dobles» y «doblez».
- «Se» y «sé». Si es del verbo «saber» o «ser» se escribe con tilde.
- Entre otras.

Además de las que se diferencian solo por el acento, hay errores comunes al momento de teclear, los llamados «errores de dedo», de estos puede haber muchos durante nuestra escritura, pero de los que más nos debemos preocupar son aquellos en los que, por casualidad, nuestro dedo cae en una letra equivocada, pero que también, por accidente, terminamos redactando una palabra que sí existe en nuestro idioma y que la herramienta de revisión de nuestro procesador de textos pasará por alto en muchas ocasiones, unos ejemplos pueden ser los siguientes:

- «el» en lugar de «en» y viceversa

- «os» en lugar de «los», en el caso de que no pusimos una letra.
- «lo» en lugar de «los», en el caso de que no pusimos una letra.
- «los» en lugar de «lo», en el caso de que pusimos una letra de más.
- «de» en lugar de «le» y viceversa.
- «si» en lugar de «ti» o «mi», y viceversa.
- «de» en lugar de «le» o «se» y viceversa.
- Algunos términos mal empleados como:
- «Muchos como» en donde basta con el «muchos» o con el «como».
- «De todas maneras» frase que bien pudiéramos omitir completa.
- «Inclusive» en lugar de «incluso», ya que la primera no es un sinónimo de la segunda sino la traducción al inglés del término «inclusivo».
- «En base a», cuando la expresión correcta es «con base en».
- «En relación a», es preferible utilizar otra expresión como «con relación a» o «en relación con» «en lo que se refiere a».

Para las palabras que se repiten mucho se puede optar por un sinónimo, este también lo podemos buscar con solamente seleccionar la palabra y, haciendo clic en el botón derecho de nuestro mouse, buscar la palabra «Sinónimos», para ver el listado de palabras relacionadas que nos arroja o sugiere.

Estos son solamente algunos ejemplos de palabras en las que podemos enfocarnos más a la hora de hacer una revisión manual. Recordemos que en la ortografía hay únicamente una manera correcta de escribir una palabra, aunque en la gramática, y más en específico en la sintaxis, haya más de una manera de estructurar una frase. Además de esto hay que tomar en cuenta la semántica, aquella que nos habla del significado de las palabras, para siempre usar una palabra que realmente nos lleve a transmitir el mensaje que tenemos en mente.

La unión de todo esto nos crea un estilo, hay herramientas que, mediante inteligencia artificial, nos pueden ayudar a pulir la estructura de las frases de nuestro escrito y nos ayudan con una revisión automática a encontrar palabras homófonas, incluso nos proponen cambiarla por la palabra correcta.

Una herramienta muy eficaz es SpellBoy, un corrector de ortografía y gramática completamente gratuito en el que podemos revisar en línea nuestros párrafos.

31.3. Paso 3: revisión con SpellBoy

SpellBoy es un programa de revisión y corrección ortográfica y gramatical en línea que actualmente cuenta con la revisión en siete idiomas: inglés, español, francés, alemán, holandés, portugués y ruso; además de contar con distintas variantes de algunos, según los modismos o diferencias entre países de la misma lengua.

Esta herramienta, además de ser muy eficaz a la hora de eliminar algunos errores, también es gratuita y muy sencilla de utilizar.

Para llegar al corrector SpellBoy necesitamos visitar el sitio www.spellboy.com, la página principal del sitio luce como se muestra la siguiente imagen (Figura 136).

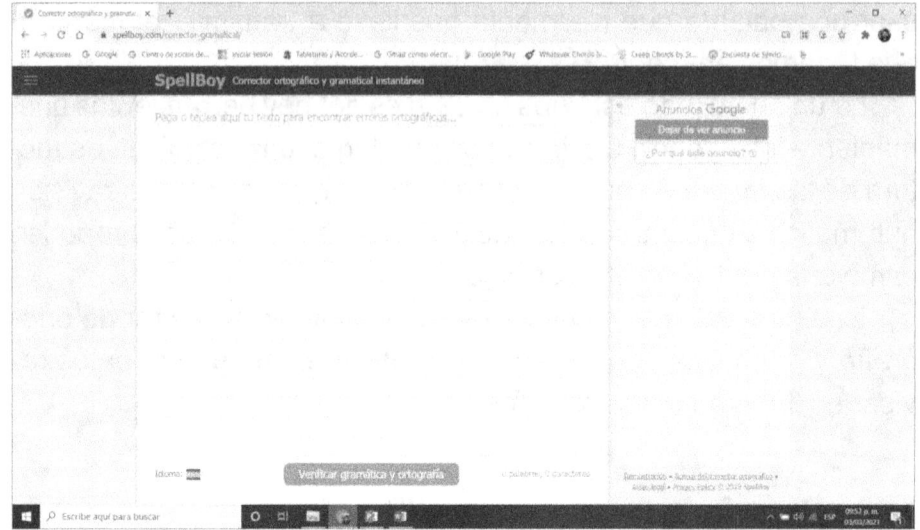

Figura 136.

Para no correr riesgos de traernos algún formato no deseado del archivo Word al corrector, es recomendable primero pegar el texto en un bloc de notas antes de pegarlo en el cuadro de Spell-Boy. Después de corregir nuestro texto debemos repetir la operación de copiar el texto corregido en un bloc de notas antes de traerlo de regreso a Word, para depurar por completo el formato que pudiéramos traernos de la página web de SpellBoy.

Además de SpellBoy existen otras herramientas en línea, otra más que se recomienda usar y que funciona exactamente de la misma manera es www.correctoronline.es, no está de más utilizar las dos herramientas y no solamente una de las dos (Figura 137).

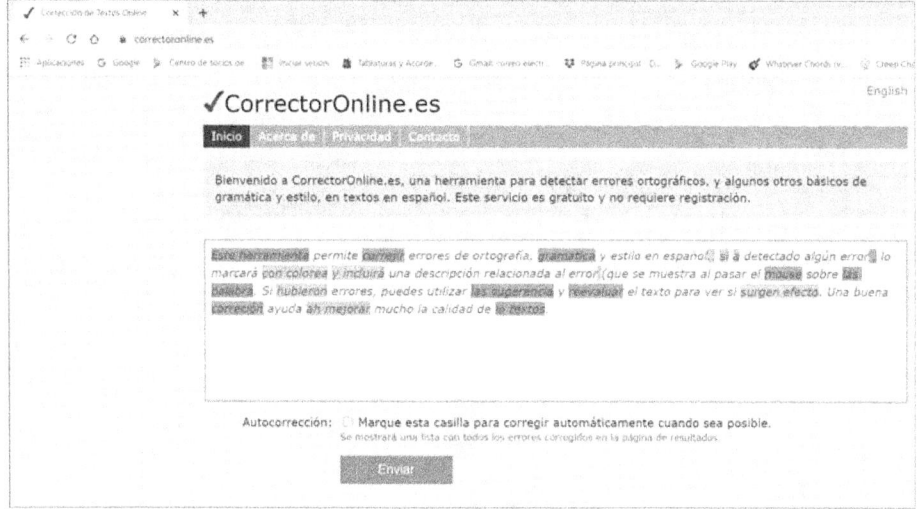

Figura 137.

Acerca del Autor

Vladimir Villarreal es arquitecto y escritor mexicano (Monterrey, 1977) de novela, cuento y ensayo.

Sus habilidades en diseño gráfico y edición lo obsesionan al grado de creer que es posible la formación de «escritores independientes **en potencia**», capaces de crear portadas, maquetados y libros digitales cabalmente funcionales, para así promover la autopublicación con herramientas económicas y gratuitas que cualquier escritor puede tener al alcance de su computadora, pero sobre todo promover la escritura y la lectura.

Así es como surge la idea de **«eBook Infalible»**, de 38 Minutos Ediciones, un programa integral conformado por un libro y un taller de maquetado de 16 horas que recopila el aprendizaje de diez años elaborando ebooks, a prueba y error, y que tiene como finalidad primordial que los escritores logren sacar esos manuscritos que se encuentran olvidados en el fondo de un cajón y devolverles las ganas de publicar.

www.ingramcontent.com/pod-product-compliance
Lightning Source LLC
Chambersburg PA
CBHW052316220526
45472CB00001B/138